권력과 교회

김진호
지음

창비

한국의 파워엘리트를 만드는 교회

MB정권 초기 이명박 대통령의 핵심 인맥창고로 '고소영'(고려대·소망교회·영남)이라는 표현이 유행하면서, '소망교회'가 집중 부각되었다. 이명박은 개신교 장로였으니 그렇다 치더라도, 개신교와 인연이 그리 깊지 않은 박근혜가 대통령이 되었을 때도 '사미자'(사랑의교회·미래를경영하는연구모임)라는 용어가 회자되면서 '사랑의교회' 출신들이 대거 정부 요직에 진입했음이 널리 알려졌다. 그전까지 시민사회는 한국 개신교를 광장에서 대규모의 부흥회나 여는 종파 집단 혹은 광적인 친미 집회나 벌이는 우파 종교세력의 하나로 여겼다.

그러나 한국사회의 권력 중심부에서 개신교도가 차지하는 비중이 얼마나 높은지는 이미 많은 조사에서 확인된 바 있다. 이승만 대통령의 초대 내각 가운데 42.9퍼센트, 제헌 국회의원 가운데 27.3퍼센트가 개신교 신자였다. 한편 현재 20대 국회의원 가운데에서는 25.0퍼센트가 개신교 신자로, 총인구의 19.7퍼센트인 개신교 신자 비율보다 꽤 높은 수준인데, 19대에는 무려 41.5퍼센트나 되었다. 2005년 한국사회의 파워엘리트 3만여명을 조사한 자료에 의하면 개신교 신자가 40.5퍼센트에 이르렀다. 더욱이 이명박정권 초기인 2008년에는 그보다 높은 48퍼센트였다고 한다.

이 사실은 개신교가 대동단결해 장로 대통령을 세명이나 만들어내는 데 성공했다는 것보다 훨씬 더 중요하다. 개신교가 한국사회 구석구석에서 파워엘리트 형성 시스템을 매우 강력하게 작동시키는 사회세력임을 가리키기 때문이다. 즉 개신교 신자인 파워엘리트가 미치는 사회적 영향력이 막강하며, 동시에 권력의 장치로서 개신교의 사회적 파급력이 막대하다는 뜻이다. 그런데 개신교 출신 파워엘리트 혹은 개신교라는 종교 자체는 사회에 좋은 존재인가? 안타깝게도 많은 사람들은 긍정적 평가보다는 부정적 평가에 한표를 던질 것이다. 나 또한 이 점에서 별반 다르지 않다. 창비가 펴낸 두권의 '권력' 시리즈, 『권력과 검찰』『권력과 언론』에 이어 세번째로 『권력과 교회』가 기획된 이유가 바로 여기 있다.

이 문제에 접근하기 위해 이 책에서 주목한 주제는 다음 네가지다. 첫번째는 개신교의 권력화 메커니즘이 보수주의와 불가분 연계되어 있다는 점이다. 권력의 장치로서 개신교는 보수주의를 재생산하며, 거꾸로 개신교의 보수주의가 권력의 메커니즘으로서 개신교를 작동시킨다. 두번째는 개신교 권력의 장치는 대형교회와 불가분 연계되어 있다는 점이다. 대형교회가 없다면 개신교는 권력의 장치가 될 수 없었을 것이며, 거꾸로 개신교의 권력화

는 대형교회를 탄생시키는 가장 중요한 요소의 하나다. 또한 개신
교의 권력화는 주로 지적·사회적 자원을 과점한 이들의 현상이지
만, 한편으로 개신교는 권력에서 소외된 이들의 반지성주의적 신
앙을 동원해 정치화함으로써 그런 권력자원의 과점세력이 될 수
있었다. 이 책의 세번째 주제는 바로 이 점을 이야기한다. 마지막
으로는 부정적 의미에서 개신교의 권력화 메커니즘을 총괄적으로
점검하고, 그런 권력의 독과점 현상을 해체해 권력의 평등한 분배
에 기여할 가능성에 관해 이야기한다. 비록 개신교의 소수파에 국
한된 현상이었지만, 권력 해체적·분배적 역할이라는 면에서 개신
교는 사회의 어느 범주보다 부족하지 않은 노하우를 가진 종교다.
그런 전통을 계승하되, 오늘 우리에게 더 적절한 종교는 어떠해야
하는지를 생각해볼 것이다.

이 책은 앞서 출간된 시리즈처럼 대담 형식으로 구성되었다. 기
획 의도에 따라 질문을 만들고 이를 사전에 대담자와 공유해 생각
을 준비했지만, 대담이란 기획대로 진행되지 않는 법이다. 때로 상
대의 말을 보충해가며 내용을 완성하기도 하고, 때로 논쟁하며 의
도하지 않은 새로운 논점을 생산하기도 한다. 물론 이야기가 상투
적이거나 종잡을 수 없게 흐르는 경우도 허다하다. 따라서 최선의
대담자를 선택하여 대담의 수행적 효과를 최대화하는 것이 절대
적으로 필요하다. 그런 심사숙고 끝에 네 명의 대담자를 초대했다.
그들은 '권력과 교회'라는 주제에 대해 독자적으로 의견을 펼 만
큼 충분한 역량을 갖추고 있으면서도, 대담을 진행하는 나와 관심

도 접근 방법도 다른 연구자들이다.

권력과 섹슈얼리티의 문제에 대해 중요한 논점을 제기할 수 있고 국제적인 신학과 인문학에 대한 폭넓은 지식을 겸비한 강남순 교수(신학/철학), 외부자의 시선에서 한국 개신교를 읽는 탁월한 안목과 한국사회에 대한 인문학적·사회과학적 해석의 전문가인 박노자 교수(한국학), 한국근대사의 맥락에서 개신교의 역사적 의미와 문제점에 대해 풍부한 이야깃거리를 갖춘 한홍구 교수(한국근대사학), '문학이 신학이고 신학이 문학'이라는 인식을 통해 기독교 신학적 문학비평가 혹은 시인으로서 개신교 내부에서 개신교에 대한 가장 날카로운 비판가로 활동하고 있는 김응교 교수(문학), 이렇게 네명의 전문가와 대담을 진행했다.

이 대담은 다음의 과정을 거쳐 책으로 발간되었다. (1)대담 진행자인 나와 대담자가 예비대담(preliminary discussion)을 통해 주제별로 서로의 생각을 점검한 뒤, (2)내가 각 주제별 개요와 논점을 만들고 책임편집자가 이 내용을 구체화한 질문지를 만들어 공유했다. (3)그렇게 해서 네차례의 대담을 진행했다. 다음으로는 (4)편집부가 각 대담을 녹취해 1차로 정리한 것을, (5)기획자이자 대담 진행자인 내가 2차로 정리하고, (6)각 대담자가 3차로 정리한 뒤에 (6)편집부가 최종 정리함으로써 책의 내용을 완성했다.

이 책은 네명의 대담자에게 걸었던 높은 기대 이상으로 훨씬 더 적극적인 사명감과 준비, 참여를 통해 완성도가 배가되었다. 질문 구성부터 원고 정리와 마무리까지 창비 편집부의 역할이 큰 힘이 되었다. 편집부의 팀워크 덕에 나는 작업 내내 편안했고 행복했다.

한겨울의 혹독한 추위에도 무거운 카메라를 매고 먼 길을 달려와 따뜻한 사진을 찍어준 이영균 작가도 잊을 수 없는 공로자다.

혹여 이 책에 부족한 것이 있다면 기획자이자 대담 진행자인 나에게 책임이 있다. 서투른 진행 탓에 대담자의 생각을 충분히 이끌어내지 못하거나, 국소적 주제에 빠져들어 이야기의 흐름을 원활히 조정하지 못한 때도 있었다. 다시 하면 더 잘할 텐데, 이미 버스는 지나갔으니 변명할 도리는 없다. 대담자와 편집자 들의 노고 덕에 나의 실수가 잘 가려지길 바랄 뿐이다.

이 책이 많은 독자들에게 독서의 즐거움을 안겨주었으면 좋겠다. 그리고 한국 개신교의 '더 나은' 역할을 생각하고 실천하는 작은 계기가 되었으면 한다.

2018년 3월 어느 새벽,
김진호

차
례

일러두기

1. 이 책에 실린 모든 대담은 김진호가 진행했다. 2017년 11월 12일 김응교, 11월 24일 한홍구, 12월 12일 강남순과의 대담은 창비 서교빌딩에서 이루어졌고, 12월 14일 박노자와의 대담은 화상으로 이루어졌다. 책의 편집 과정에서 대담 내용을 수정·보완했다.

2. 이 책에 실린 성경 인용문은 대한성서공회의 새번역 성경을 따랐다.

1장

기독교인은 왜
보수적인가

― 후퇴한 민주주의의 표상

대담/
강남순
姜南順

미국 텍사스 크리스천 대학교(Texas Christian University) 브라이트 신학대학원(Brite Divinity School) 교수. 코즈모폴리터니즘·포스트모더니즘·포스트콜로니얼리즘·페미니즘 등 현대 철학·신학 담론을 가르치며 영어와 한국어로 글을 쓰고 있다. 『한국일보』·『시사IN』 등에 칼럼을 기고하고 있으며 '2017 경향신문 선정 올해의 저자'에 이름을 올렸다. 최근 지은 책으로 『배움에 관하여』 『용서에 대하여』 『정의를 위하여』 『코즈모폴리터니즘과 종교』 등이 있다.

특권과 책임

김진호 선생님께서는 국제적인 기독교 네트워크에서 활발히 활동하시다가 최근에는 한국사회에 더 집중하시는 듯합니다. 그 변화에는 우연도 작용했을 테지만 일관성있는 행보로 보이기도 합니다. 한국의 학자들, 특히 신학자들은 시민사회와 접촉면이 너무 없어요. 지식인이 사회 구성원들과 대화할 필요가 절실한데 잘 안하는 측면이 있죠.

이런 현실은 근대주의와 결합되어 있는 듯합니다. 근대주의는 지식과 비지식의 경계, 국가 간 경계를 끊임없이 나눠왔고, 학문들도 분과로 나누어 그 각각의 내적 틀 속에 갇혀 있게 했죠. 근대를 넘어 포스트근대 혹은 새로운 근대로 향하려는 변화가 일어나는 것처럼 보이는데, 적어도 현재까지 그 변화를 선도하는 것은 자본인 듯합니다. 자본은 국경 같은 물리적 경계는 아랑곳하지 않고 넘어가죠. 우리 내면에까지 들어와 마케팅을 하고 있잖아요. 근대주의를 가장 먼저 넘어선 코즈모폴리터니즘(cosmopolitanism)은 아마도 자본일 테지만, 선생님께서 코즈모폴리턴 신학에 관해 말씀하시는 것은 그러한 자본의 변화를 따라가겠다는 뜻이 아니라, 사람의 일상에 다가가 그 일상에서 일어나는 많은 문제를 국경이라는 제한된 범주가 아닌 넓은 상상력 속에서 생각하며 이야기하자는 문제제기로 보입니다.

강남순 그렇죠. 제가 한국에서는 신학자로 알려졌지만 지금 몸담은 미국의 대학에서는 저를 신학자로만 규정하는 사람이 많지 않아요. 저는 철학과 종교/신학을 가르치는 교수라는 이미지를 갖고 있죠. 학생들을 가르칠 때에도 '전문 영역'을 명확하게 나누어놓고 접근하지 않았어요. 이런 방식을 두고 미국 대학의 인문학계에서 예전에는 '간학제적'(interdisciplinary)이라는 말을 썼고 요즘은 '초학제적'(transdisciplinary)이라는 표현을 많이 씁니다. 학문 영역뿐 아니라 우리 삶을 다루는 것은 모두 전공을 뛰어넘어 연구되어야 합니다. 초학제적인 방식으로 가르치다 보니, 전공이 뭐냐고 묻는 분들이 계시고요.
　모든 이론이나 담론이 그렇듯 코즈모폴리터니즘이 부정적으로 사용되는 경우도 많았는데, 저는 탈식민주의 이론가인 가야트리 스피박(Gayatri C. Spivak)을 통해 이 개념에 관심을 갖게 되었습니다. 미국 드루(Drew) 대학교에서 매년 열리는 '초학제 컨퍼런스'(Transdisciplinary Conference) 측으로부터 2007년에 스피박의 사상과 연계하여 발제를 해달라는 부탁을 받았어요. 스피박은 뉴욕 컬럼비아 대학교에서 가르치고 있었죠. 제가 뭘 말할 수 있을까 고민했는데, 스피박이 '행성적 사랑'(planetary love)이라는 표현을 쓰는 점이 눈에 들어왔어요. '이웃 사랑' 등 '사랑'이라는 개념과 표현은 기독교의 독점물인 것처럼 인식돼왔잖아요. 그런데 신을 믿는 것도 아닌, 해박한 이론가로 알려진 스피박이 '결국 이 세상을 움직이는 것은 마음을 움직이는 사랑'이라고 말했어요. 이 말을 신학자가 했다면 별로 눈에 띄지 않았을 텐데, 이론가의 입에서 나오니 신선했죠. 이것과 연계해 발제해야겠다는 생각이 들었고, 여러 자료를 탐색하면서 '코즈모폴리터니즘' 사상과 스피박의 '행성적 사랑'이 담론과 실천으로서 서로 강력하게 연결되어 있다는 것을 발견했어요.

종교나 신학에서는 코즈모폴리터니즘에 관한 논의가 없는데, 정치학이나 철학, 문화사회학 등 분야에서는 이를 다룬 책이 무척 많더라고요. 특히 국제사회의 정의(global justice) 문제에 관해서요. 코즈모폴리터니즘은 문화적 코즈모폴리터니즘, 서발턴(subaltern, 하위 주체) 코즈모폴리터니즘, 소비자 코즈모폴리터니즘, 유기적 코즈모폴리터니즘 등 다양한 종류가 있는데, 제가 관심을 기울이는 것은 도덕적 코즈모폴리터니즘과 정치적 코즈모폴리터니즘이에요. 국가적·지역적 경계를 넘어서는 타자에 대한 책임성, 그리고 그러한 책임성을 현실정치에서 실현하기 위한 지구적 정의와 평화의 문제에 주목하는 것이지요.

요즘 저의 활동이 한국 시민사회와 더 많이 연결되어 있다고 하셨는데, 아카데미아의 담을 넘어서면 미국만이 아니라 한국도 제 삶을 규정하는 중요한 공간이므로 저는 늘 두 세계에 살아요. 지난 2006년 한국을 떠난 이후 미국에서 학문적 활동과 대중적 활동을 병행해왔어요. 국제적 활동을 무척 바쁘게 해왔고요. 그러느라 한국사회와 연계할 시간을 한동안 내지 못했어요. 이제 신문에 칼럼 연재도 하고 한국어로 출판도 하면서 자연스럽게 시민의 한 사람으로서 함께 호흡하는 시간을 갖게 된 것 같습니다. 저처럼 연구하고 글 쓰는 일을 직업으로 삼고 살아간다는 건 이미 지식권력과 특권을 지닌 것임을 늘 의식합니다. 한국에서의 최근 활동은 어떤 의미에서 저의 지식권력과 특권을 나누고자 하는 몸짓이기도 합니다.

목사 세습의 공모자들

김진호 최근 한국 교회가 드러내는 주요 문제점은 양극화, 권력세습, 혐오주의 등입니다. 물론 이는 교회만의 문제가 아니라 한국 사회의 문제이기도 하고 전지구적 문제이기도 하지요. 이에 대해 코즈모폴리터니즘적인 문제의식과 상상력으로 개입해 들어가 이야기하는 것은 굉장히 요긴해 보여요. 우선 그런 관점에서 권력의 속성을 어떻게 정리할 수 있을까요?

강남순 보통 권력이란 늘 '저쪽'에 있는 것으로 생각하죠. 권력의 문제를 다루는 저의 생각과 입장을 가장 잘 대변하는 학자는 미셸 푸꼬(Michel Foucault)인데, 푸꼬의 권력 담론이 주는 중요한 통찰은 '권력이 도처에 있다'는 것입니다. 권력이란 개개인이 자신의 구체적인 삶의 정원에서 행사하는 하나의 위치성이라고 정리할 수 있습니다. 제 경우도 전통적인 시각에서 권력 구도를 파악하자면 피해자이자 권력 바깥에 있는 사람으로 분류될 수 있죠. 가부장제 사회의 여성이고, 백인 중심 사회의 비(非)백인이니까요. 또 영어가 모국어인 학생들을 가르치는 상황에서 저는 영어가 제2 혹은 제3의 언어이기 때문에 언어적 권력 구조에서도 약자라고 할 수 있어요. 하지만 저는 동시에 학생들에게 그 사람들의 일생을 좌우하는 성적을 줄 수 있는 제도적 권력을 가지고 있습니다.

권력이라는 것이 다양한 측면에서 서로 겹치기도 하고 얽히기도 한다는 사실을 생각하면, 한국 사회와 교회 안에서 발생하는 문제를 복합적으로 인식할 수 있지 않을까 합니다.

김진호 권력이라는 것은 사실 권력을 가진 자와 안 가진 자로 나뉜다기보다는 우리의 경험 속에서 모두에게 '권력 현상'으로 작용하고 있다는 말씀이시지요. 우리는 권력에 어떤 형태로든 복무하고 있고, 그것이 많은 사회적 문제를 일으킬 때 '내'가 회피할 수 없음을 가리킵니다.

오늘날 한국 교회를 얘기할 때 가장 먼저 언급되는 문제는 권력의 세습 문제일 거예요. 한국사회에서는 주로 담임목사가 자기 아들이나 사위에게 목사직을 계승하는 부분에 초점을 두지만, 사실 그게 다가 아니죠. 교회 안의 권력 현상은 매우 복잡하게 얽혀 있고, 주요 행위자 외에 많은 사람들이 공모자로 참여하고 있습니다. '교회세습반대운동연대'에서는 교회 세습을 정의할 때 '부자세습'이나 '사위세습' 등 가족주의적 세습에만 초점을 두었지만, 저는 '권력세습'이라는 말로 다시 표현하고 있습니다.

2018년 1월 『뉴스앤조이』가 교회세습반대운동연대와 감리교세습반대운동연대의 조사에 더해, 독자적인 제보를 받은 것에 기초해 발표한 바에 따르면, 혈통적 세습이 일어난 교회는 350개 정도예요. 계산해보면 전체 교회의 0.45퍼센트에 불과합니다. 그렇다고 해서 0.45퍼센트의 교회만 비판하면 되는 문제가 아니죠. 사실 거의 모든 교회의 목사직을 둘러싼 권력 승계 과정이 불투명하잖아요. 일반 교인은 참여하지 못하고 일부 특권적 신자와 목사만 아는 상태로 권력 승계가 이루어지죠. 거기에 목사직을 둘러싼 교회의 권력 게임에서 여성이나 외국인이 배제되는 등 배제의 장치가 작동하고요.

강남순 저는 우선 교회를 한국사회의 축소판으로 보는 시각으로 이 문제에 접근합니다. 한국사회가 지닌 지독한 문제들이 교회 안에 집약되어 있죠. 교회 안의 교인들은 외딴 섬에서 사는 것이 아니라 한국사회에서 시민으로 살아가고 있잖아요. 교회 내 권력세습이 가능하게 된 풍토는 한국사회의 다양한 문제들과 연결되어 있다고 봅니다.

우선 '가족주의가 어떻게 확장되어왔는지'가 중요한 단서를 제시합니다. 유교적 가족주의는 곧 남성중심적 혈통주의죠. 그게 다른 방식으로 확장된 것이 한국에서의 동문관계예요. 학연·지연이 일생을 지배하죠. 학연과 지연은 혈통중심적 가족주의의 변주거든요. 교회 안에서 이루어지는 세습이란 유교적 가족주의가 교회라는 장에서 표출된 하나의 양식이라고 생각합니다. 교회에서 목사직을 딸에게 세습하는 경우는 없잖아요. 철저하게 가부장제의 남성중심적 권력이 다층적으로 이동하는 구조예요.

그다음은 한국사회의 가정, 공교육 현장, 직장 등에서 비판적 문기를 가르치지 않는다는 점과 연결됩니다. 한국에서는 물음표를 제거한 교육을 하고 있죠. 학교에서 '왜'라고 물으면 선생님한테 반항하느냐는 말을 듣곤 합니다. 교인들도 교회 내에서 '왜'라고 물으면 '기도를 안 해서 그렇다' '신앙이 부족하다'라는 말을 들어요. '예'라거나 '아멘'이라고 해야 좋은 교인이 돼요.

교회 안에서 권력을 계승하고 싶어하는 목사는 자기의 행위를 정당화하는 지식을 만들어내야 해요. 그 지식이란 곧 '이것은 하나님*의 일이다'라는 논리죠. 안또니오 그람시(Antonio Gramsci)의 헤게모니 논의에도 그런 이야기가 나옵니다. 피억압자들의 억압적 상황을 유지하려면 강압적으로만 해서는 안 되고, 그 사람들

● 기독교의 유일신을 가톨릭에서는 '하느님', 개신교에서는 '하나님'으로 표기하는 것이 일반적이다. 이 책에서는 개신교 교단의 문서나 찬송, 개인들의 습관을 고려해 '하나님'으로 표기하되, 문맥에 따라 일부 예외를 두었다.

이 동조하도록 만들어야 해요. 이 상황에 동조하는 것이 올바르다고 말해주는 '지식'이 필요해요. 교회의 경우 가장 쉬운 게 하나님과 성서를 동원하는 거죠. 성서를 지극히 선택적으로 인용하면서 '이것이 바로 하나님의 일이다'라는 메시지를 줍니다. 명성교회*의 세습 과정에서도 하나님이 참 많이 호명되더라고요. 목회자는 끊임없이 그런 지식을 만들어내서 자신의 행위를 하나님의 일로 정당화하고, 교인들은 가뜩이나 비판적 사유를 하도록 길러진 사람들이 아니니까 목회자가 하나님 말씀을 대변한다고 여기며 그대로 받아들이죠. 즉 목회자는 지식권력을 통해 교인들이 아무 소리 하지 못하고 동조하도록 만드는 거예요.

김진호 혈통세습이 이루어지는 교회들은 담임목사의 권력이 압도적으로 강한 곳이라는 특징을 갖고 있습니다. 그리고 그 압도적인 권력이 오래 지속되어왔다는 공통점이 있고요. 명성교회 원로목사 김삼환(金森煥)의 경우처럼 이러한 교회의 목사들은 은퇴한 이후에도 원로목사로 취임해서 사실상의 최고 권력자 지위를 누립

● 한국의 초대형교회 가운데 하나. 교회의 급성장에 힘입어, 담임목사로 재직 중이던 김삼환은 대한예수교장로회 총회장, 한국기독교교회협의회(NCCK) 회장, 세계교회협의회(WCC) 한국준비위원회 상임위원장을 역임했다. 그는 1980년 교회를 창립했고, 2015년 담임목사직에서 은퇴했으나 원로목사로 사실상 최고 지도력을 행사해왔다. 그리고 목사직의 세습을 단행하여 2017년 11월 12일 아들 김하나가 담임목사에 취임했다. 이 일로 교계뿐 아니라 시민사회로부터 많은 비판을 받고 있다.

니다.

그러니까 혈통세습 그 자체만을 볼 것이 아니라, 교회 내에 부당한 권력의 작용이 너무나 편만해 있다는 문제의식을 가지고 세습을 둘러싼 전체 과정을 보아야 합니다. 어떤 교회는 목사보다 평신도 권력이 더 강하기도 하죠. 실제로 담임목사 1인이 압도적 권력을 장악하기보다는 평신도 출신의 특권적 엘리트와 목사가 공모해 권력을 과점하는 경우가 더 많은 것 같아요. 무엇보다 재정에 대해 대부분의 교인들, 심지어는 시무장로들조차 모르는 상태로 교회가 운영되는 경우가 허다하죠. 부동산 거래, 외부 기관 지원 등에 대해서도 교인들 대부분은 모르는 경우가 많고요. 즉 교회 내 권력의 행사자가 목사 한 사람만이 아닌 거예요. 그런데 교인들은 정보공개를 요구하지 않아요. 여기에 강 교수님께서 말씀하신 권력에 순응하도록 구성된 교인의 자의식이 연결될 수 있어요. 목사는 성서나 신앙 전통에 대한 지식을 장악하고 있기 때문에 교인들에게 권력의 부당한 운용에 대해 비판적으로 묻지 못하게 하는 것이지요. 우리가 교회의 권력세습에 관해 이야기할 때 바로 이 점을 주목해야 해요.

여기서 조금 다른 측면도 봐야 할 필요가 있을 것 같아요. 대형교회* 교인들을 인터뷰하면서 조사한 결과, 목사의 지식권력이

● '대형교회'(mega-church)란 일요일 대예배에 참여한 성인 신자의 수가 2,000명 이상인 교회를 말하며, 한국의 경우 약 900개 정도로 추산된다. 최근에는 '초대형교회'(giga-church)라는 용어도 쓰이는데, 일요일 대예배 출석교인 1만명 이상인 교회를 지칭하며 한국에서 초대형교회의 수를 추산한 통계는 아직 없다.

가진 영향력이 최근 조금 변화했다는 추정을 할 수 있게 됐습니다. 1990년대 중반 이전에는 많은 신자들이 목사의 설교와 지식권력에 의존했어요. 목사의 설교 때문에 교회에 오거나 교회를 떠나는 사람들이 많았죠. 그때까지는 많은 이들이 설교 공책을 마련해 메모하고 집에 가서 되새기는 경우가 흔했지만, 그 이후에는 목사의 설교에 의존하지 않는 신자들이 많아졌어요. 설교 내용을 기억도 못하는 사람이 태반이고, 설교를 메모하는 사람도 없죠.

1990년대 중반 이전에는 '새 신자'가 들어오는 교회들이 부흥했는데, 1990년대 중반 이후에는 이 교회에서 저 교회로 '수평 이동한 신자'가 유입되어야 부흥할 수 있었어요. 특히 작은 교회에서 큰 교회로 이동하는 경우가 많았죠. 새 신자들, 즉 타종교에서 오거나 비종교인이었다가 온 사람들은 기독교에 대한 호감을 가지고 왔어요. 그런데 수평 이동한 신자들은 교회에 대한 문제의식을 가지고 있죠.

수평이동 신자에 대한 연구를 보면 수평이동 신자의 비율이 전체 교인의 45~75퍼센트 정도 돼요. 편차 범위가 너무 커서 그 수치를 엄밀히 추정하기는 어렵지만 우리가 상상했던 것보다 훨씬 많다는 것을 알 수 있죠. 게다가 그중에는 교회를 오랫동안 다니거나 주요 직분을 경험한 이들이 더 많았어요. 어지간히 교회에

단, 일요일 대예배 출석 교인 수가 2만명 이상인 교회가 2011년 현재 14개라는 조사결과가 있으며, 현재에는 좀더 늘어났을 수 있다. 교회성장연구소 교회경쟁력 연구센터 『한국교회 경쟁력 보고서: 나의 교회의 경쟁력은 어느 정도인가?』, 교회성장연구소 2006, 37면 참조.

대해 아는 사람들이니까 교회를 옮겨가기에 앞서 그곳 목사의 설교를 검색해요. 그 교회가 어떤 프로그램을 운용하며 어떤 특성을 지녔는지 조사하는 거예요. 종교적으로 자존성이 강한 사람들인 거죠.

1990년대 중반 이후 성공하려는 목사들은 이런 자존성 강한 신자들의 기호에 맞는 교회를 만들어야 했어요. 예전처럼 강한 카리스마로 사람들을 이끄는 지도자, 만인지상 일인지하의 지도자 상은 먹히지 않는 시대가 온 거예요. 그렇다 보니 최근에 와서는 압도적으로 장기간 권력을 유지할 수 있는 목사는 점점 줄었어요.

하지만 교회 내의 부당한 권력 작용이 줄었느냐 하면, 그렇지는 않아요. 그래서 저는 교회의 권력세습을 문제시한다면, 혈통세습이라는 관점에서 목사 개인에게 초점을 맞추는 것만이 아니라 교회 내에서 사람들의 참여를 억제하고 소수의 사람들이 교회의 자원을 독과점해 운용하는 데서 발생하는 권력 문제도 이야기해야 한다고 봅니다. 목사가 아들이나 사위에게 세습하는 것도 문제지만, 그밖의 교회에서도 후임 목사를 결정할 때 사람들의 참여와 논의 과정을 거치지 않는 것 또한 권력세습으로 봐야 한다는 뜻입니다.

강남순 혈통세습이 일어나는 수치가 0.45퍼센트에 불과하다고 해도, 혈통세습을 자행하는 교회들의 규모를 생각하면 그 비율은 실질적으로는 훨씬 더 크다고 볼 수 있습니다. 각각의 '메가처치'가 가진 엄청난 권력을 생각해야 합니다.

한국 교회에서 가장 염려되는 것은 '성직자중심주의'예요. 목회자가 철저하게 모든 권력을 쥐고 있는 이러한 형태는 세계적으로 봐도 굉장히 드물어요. 성직자중심주의가 재정적 불투명성을 강화하고, 또 대형교회일수록 이 문제가 심화됩니다. 이른바 재정권력이 목사의 권력 및 성직자중심주의와 맞물려서, 목사가 CEO처럼 되는 거죠.

김진호 혈통세습을 하는 교회들, 특히 몇몇 대형교회들을 그 영향력이나 파급력의 차원에서 간과할 수 없다는 말씀은 중요한 지적이라고 생각해요. 하지만 영향력이 막강한 대형교회 가운데 혈통세습을 단행하지 않은 교회가 그런 교회보다 더 많아요. 그렇다고 혈통세습을 하지 않은 교회가 권력세습의 관점에서 혈통세습을 단행한 교회보다 더 나은가 하면 그렇지 않을 수 있다는 거죠. 어쩌면 좀더 은폐되고 교묘한 권력세습의 양상을 띤다고 할 수 있다는 거예요.

그리고 한편으로 의문이 드는 것은 '성직자중심주의가 정말로 실재하는가'라는 부분입니다. 의전상으로는 분명 존재하죠. 그런데 대형교회에서 강한 권력을 장악하던 이들이 속속 은퇴하고 있고, 그 후임자들은 아직 실권을 제대로 갖지 못한 채 창업자들의 후광을 입고 있죠. '창업자가 사망한 뒤에도 그런 권력을 유지하는 게 가능할 것인가'라는 질문을 해볼 수 있어요. 이를테면 한경직(韓景職) 목사가 사망한 뒤 영락교회, 곽선희(郭善熙) 목사가 원로목사로 있는 소망교회에서 현재 담임목사가 이들 교회의 중심인가? 어느 교회 안에 비자금 창구로 사무실을 둔 기업의 회장은 해당 교회의 목사보다 권력이 작은가? 의전상으로는 성직자중심주의가 있지만, 교회에는 교회를 실제로 작동시키는 '슈퍼 파워엘리트'가 있다고 봅니다. 목사는 제도적 장치의 중심에 서서 그들이 잘 활동할 수 있게 해주는 상징권력일 뿐인 거죠. 일본의 천황처럼요.

한가지 더 의견을 말씀드리면, 대형교회 신자들 가운데 목사의 지식권력에 포박되어 그 교회의 수동적 신자가 되는 경우도 적지 않지만, 또다른 이들은 큰 교회가 보여주는 상징적 이미지를 소비하고자 한다는 거예요. 이것은 일종의 '명품 소비' 욕구라고 봅니다. 세속적 축복에 대한 교회의 해석이라든지, 거대한 결혼시장이 될 수 있는 교회 내 연줄 따위도 신자들이 교회를 선택하는 데 중요하게 작용하고요.

많은 신자들을 대형교회로 끌어들이는 것은 이런 욕구를 얼마나 만족시킬 수 있느냐와 관련이 있죠. 이때 교회가 혈통세습을 하느냐 안 하느냐는 그다지 중요한 일이 아닌 거예요. 그 교회에 비민주적 관행이 횡행하더라도 많은 신자들은 자신들의 욕구가 훼손되지 않는 한 관행을 바꾸기 위해 본격적으로 문제를 제기하려 하지 않죠. 그러는 가운데 교회의 권력세습은 일부 특권적 엘리트 신자들과 목사의 공모 아래 일상화되고 있죠. 이런 맥락에서 한국 교회의 권력세습 현상을 문제적으로 이야기할 필요가 있습니다.

뒤로 가는 교회 민주주의

김진호 미국 교회에서는 교인들이 목사 승계 과정에 실질적으로 참여할 수 있나요?

강남순 제가 속한 미국 연합감리교회(United Methodist Church)는 개별 교회에서 목회자를 초청하는 청빙(請聘) 제도가 아니라 감독이 목회자를 보내는 파송(派送) 제도로 운영돼요.* 교회의 담임자가 5년 이상 되면 사역할 교회를 바꿉니다. 감독**이 해당 교회에 알맞은 사람을 선정해 보내면 교회의 위원회는 인터뷰를 통해 이 사람이 그 교회에 맞는 사람인지 아닌지를 검증해요. 이때 위원회란 장로나 권사 등으로 이루어진 그룹이 아닙니다. 미국에는 그런 직분제도 자체가 교회 안에 없어요. 목회자 청빙위원회의 경우에도 때마다 구성원이 바뀝니다. 남성·여성·청년의 비율을 배분해야 하고 한 사람이 그 위원회에 들어가서 3년 이상 있을 수 없어요. 또 재정위원회에서 재정을 관리하기 때문에 담임목사는 교인들이 헌금을 얼마나 했는지 알 수 없고, 주보에 누가 얼마를 냈다고 적는 일도 전혀 없어요.

● 청빙제도는 교회의 엘리트 신자들이 위원회를 만들어 자신들의 교회에 적합한 이를 청빙하는 제도이고, 파송제도는 교회연합체에서 목사가 공석인 교회를 담임할 이를 파송하는 제도이다. 전자는 교회의 신자 자치성이 보다 활성화된 장로교회나 회중교회(congregational church)에서 발달한 제도이고, 후자는 성직자 조직이 더 강한 힘을 발휘하는 감독제 교회에서 많이 채택한다. 감독제도를 중요시하는 교회로는 가톨릭, 성공회, 감리교회 등이 있다.

●● 정치제도의 관점에서 교회는 크게 감독교회, 장로교회, 회중교회 세가지로 분류할 수 있다. 감독교회는 성직자의 엘리트 시스템이 교회정치의 핵심이 되는 교회를 가리키며, 가톨릭·성공회·감리교회 등이 여기에 속한다. 개신교 가운데 감독제도를 둔 대표적 교회인 감리교회는 교구 개념인 '연회'의 장을 '감독'이라 하며 교구들의 총회에서 '감독회장'을 선출한다. 장로교회는 성직자와 평신도를 아우르는 엘리트 정치를 제도화한 교회이며, 여기서는 '장로'가 정치의 핵심이다. 이 가운데 설교와 가르침의 사역을 맡는 성직자 장로와 행정의 사역을 맡는 평신도 장로가 당회를 구성해 교회를 이끈다. 성직자 장로는 '목사'로 호칭된다. 한편 회중교회는 엘리트 정치를 거부하고 성직자와 평신도가 대등하게 자신의 역할을 맡는 교회를 가리킨다. 그런데 개신교의 경우 실제로는 감독제도, 장로제도, 회중제도가 명확하게 나뉘기보다는 절충해 운영되는 경우가 많다. 한

미국 교회의 주류 교단이 아닌 작은 종파에서는 세습이 가능할지 모르겠지만 제도와 형식을 갖춘 교단에서는 불가능해요. 한 사람에게 권력이 집중될 수가 없습니다. 그리고 교인들도 비판적으로 문제제기 하는 데 익숙해져 있어요. 저도 미국에서 전임으로 담임목사직을 맡은 적이 있는데, 담임자의 역할이 정해져 있어요. 관리위원회·인사위원회 등 여러 위원회들이 교회 내에서 민주적으로 책임있게 운영되고요. 민주주의 국가 운영의 축소판이라고 볼 수 있죠.

이와 유사하게 미국에서 교수를 선발하는 과정을 보면서도 참 많이 배웠어요. 제가 있는 텍사스 크리스천 대학교(TCU)에서는 총장 내지는 학장의 영향력이 작용할 통로가 전혀 없어요. 교수 인사위원회를 구성할 때에도 전체 교수의 동의를 받아야 하고, 인사위원회가 구성되면 인사위원 개개인이 교수 지원자 한명 한명에 대한 세 분야의 검증을 하고 오랜 토론을 거칩니다. 이러한 서류 검사 과정에 총장, 학장, 이사 등이 개입하지 않아요. 앞에서 말한 세 분야는 교수(teaching), 학문성(scholarship), 그리고 커뮤니티 서비스(community service)예요. 그중 서비스 분야에는 자신이 속한 전공 분야에서 또는 사회적으로 어떠한 활동과 기여를 하는가가 포함되죠.

이렇게 기본적인 서류전형이 끝나면 인터뷰를 할 대상을 선택

국의 경우 감리교회는 감독제도를 갖고 있지만 동시에 장로제도도 갖고 있다. 또 한국의 일부 교회는 장로제도와 회중제도를 겸하기도 한다.

하지요. 대부분 이 2차 전형은 화상 인터뷰로 진행하고, 그 인터뷰가 끝나면 다시 인사위원들이 각 인물의 장단점에 대해 열린 토론을 합니다. 그다음 최종적으로 캠퍼스에 초청해 인터뷰할 사람들로 리스트를 좁힙니다. 경우에 따라 다르지만 대개 2~3명이지요.

학교에 개별적으로 초청된 교수 후보들은 캠퍼스 인터뷰 기간에 공개 강연도 하고 대학 내의 교수, 학생, 행정 직원 등 각기 다른 그룹을 만나며 전체 교수들과 심층 인터뷰 시간도 가집니다. 각 모임에 참여한 사람들은 비치된 양식을 이용해 그 지원자에 대한 다층적 평가를 한 뒤 제출합니다. 인사위원회는 그 모든 평가를 리뷰하고 종합해서 최종 지원자를 결정하고, 교수회의에 제안합니다. 그런데 전체 교수회의 참석 인원 가운데 3분의 2 이상의 지지를 받지 못하면 그 사람은 교수로 초빙되지 못해요. 그러면 인사위원회로 되돌아가 처음부터 다시 채용 과정을 시작하지요.

이 모든 과정에서 중요한 두가지 원칙이 있다면 그것은 '투명성'과 '비밀 보장'이에요. 어느 한 사람의 영향력이 거기에 미칠 수가 없죠.

한국의 대학에서 경험한 바와는 전혀 달랐어요. 저도 여러 국내 대학에 지원해봤는데, 이른바 일류 대학에서도 놀랄 만한 경험을 했어요. 임용 과정이 끝나 제출했던 서류를 돌려받고 보니, 제가 미국 교수들에게 받은 추천서가 봉투도 뜯기지 않은 채로 있어요. 열어보지도 않았다는 거죠. 교회에서 일어나는 일이 한국사회 구석구석에서도 일어나고 있다는 점을 잘 봐야 해요.

김진호 미국에서는 감독이 파송하고 교회 검증위원회의 검증 과정을 거쳐 목사의 청빙 혹은 인준이 이루어진다고 하셨는데, 한국 교회에도 이런 형식이 유지되는 경우가 있지요. 하지만 두가지 측면에서 이것은 단지 형식으로만 그친다고 봅니다. 첫번째는 임기의 문제인데, '재임이 가능한가' '언제까지 할 수 있는가' 등 임기가 제도화되어 있지 않다는 점입니다. 두번째는 청빙위원회의 논의 과정을 일반 신자 또는 시민이 열람할 수 없다는 점이고요. 이 두가지 측면이 미국에서는 어떤 양상으로 전개되는지 궁금해요.

강남순 미국에서도 교단마다 조금씩 목회자 청빙 절차가 다를 텐데, 제가 경험한 연합감리교회의 경우 매년 연말이면 감독이 교인들에게 "이 목사가 내년에도 여기서 목회를 하기를 원합니까?"라고 물어봐요. 또 목회자에게도 "당신은 내년에도 여기서 일하고 싶습니까?"라고 물어보고요. 한 목회자가 그 교회를 사유화하고, 자신의 개인 교회처럼 장기집권하는 식의 양상은 매우 찾기 힘듭니다.

김진호 앞서 선생님께서 한국의 사회와 교회를 연동해 봐야 한다고 하신 것이 굉장히 중요한 지적이라고 봅니다. 그런데 한편으로는 교회가 현대의 민주주의와 보조를 맞추지 못하는 건 한국만이 아니라 전세계적 현상이라는 생각도 들어요. 담임목사의 임기제가 어떻게 운영되든, 또 목사 파송제든 청빙제든, 교회 대중에게 정보가 충분히 공유되지 않는 상황에서 일부 특권적 엘리트 집단이 교회를 좌지우지하는 경향이 있다는 것이죠. 이는 교회가 자신들이 살고 있는 현대사회를 충분히 살펴보고 그것을 교회제도에 적극적으로 반영하기를 게을리한 탓이라고 생각해요.

강남순 한 사회가 가지고 있는 의식보다 종교계 내부의 의식이 훨씬 더 보수적일 수밖에 없어요. 종교의 다양한 예식, 교리문, 기도문 등은 많은 경우 '과거 전통'에 근거해 구성되고 재현되고 반복됩니다. 그렇기에 미래지향성이나 진취성보다는 과거지향성과 보수성이 더욱 강력하게 작동되죠.

한국사회에서도 기독교는 한국사회의 평균 수준보다 훨씬 더 보수적이고 반민주적이며 퇴보하고 있다고 생각해요. 성소수자에 대한 노골적인 혐오, 여성혐오에 대한 무지를 생각하면요.

김진호 교회가 사회의 평균치보다 보수적인 원인이 원천적인 것인지, 아니면 민주주의에 대한 성찰이 부족한 탓인지는 좀더 생각해볼 문제이지만, 오늘날 한국의 교회 안에 권력의 독과점을 견제할 수 있는 제도나 담론이 불충분하다는 점에는 이론의 여지가 없는 것 같습니다.

강남순 제도적 장치가 표면적으로 있다고 해도 그 운영 과정에서 비판적 목소리를 내기가 어렵죠.

종교인 과세만으로는 안 된다

김진호 정보의 공개를 비롯해 신자들의 참여를 이끌어낼 수 있는 통로의 결핍이 교회 권력세습 문제의 핵심이라고 할 수 있겠습니다. 그런 문제가 겉으로 나타난 하나의 양상이 목사직의 혈통세습이라면, 또다른 양상은 종교인 과세 문제라고 할 수 있어요.

한국은 2018년 1월 1일부터 종교인 과세를 실시하기로 했습니다. 이 문제는 1968년부터 제기되어왔는데 이번 과세안과 직접적으로 연결된 최근의 사실만 요약해볼게요. 2012년 당시 이명박정부의 기획재정부 장관이던 박재완(朴宰完) 씨가 국민 개세주의(皆稅主義) 관점에서 모든 종교인도 국민의 의무인 세금을 내는 것이 바람직하다는 의견을 내면서 입법안이 논의되기 시작했어요. 이듬해 정부는 과세법안을 국회에 상정했지만 그해 말 국회에서 처리되지 못했습니다. 세부 방안이 미비하는 이유로 불발된 것이지만 교회의 압력이 그 진짜 이유였죠.

이후 2013년의 법안도 국민 개세주의에 입각한 조세 형평성의 차원에서 보면 미비했는데, 2015년에 국회를 통과한 법안은 그보다도 후퇴한 안이었어요. 그마저도 정권이 바뀐 2018년부터 시행하기로 되어 있었죠. 그런데 그 시행령은 실시 며칠을 앞두고 다시 수정되었어요. 2015년 시행령의 골자는 과세자 자신이 근로소득세로 신고하지 않는 한 기타소득으로 과세한다는 것입니다. 기타소득은 필요경비를 공제한 수입에 한해서만 과세액이 매겨져요. 가령 연 소득 1억원인 성직자가 있다면, 그는 80퍼센트를 필요경비로 하고 2000만원에 대한 세금(4.4퍼센트)만 내면 되는 거죠. 여기에 지난 2017년 11월 30일에는 종교인의 소득에 '종교활동비'를 포함하지 않기로 했습니다. 이 부분이 결정적인데, 종교활동비가 무엇인지 한가지 사례를 들어 말씀드리는 게 좋을 듯합니다.

몇년 전 한 대형교회 목사의 수입이 공개된 바 있어요. 자발적으로 공개한 게 아니라 교회의 재정장로가 내부고발자가 되어 폭로한 거였죠. 그가 내부고발을 단행했던 것은 재정 문제 때문이 아니라 목사의 도덕성 때문이어서, 이때 폭로된 재정 현황은 일반 시민의 눈으로 보면 상식에서 벗어난 것이지만 교회 내부의 관점에서는 크게 이상한 것이 아니었죠. 그 자료에 의하면 그해 목사의 임금소득은 1억 5000만원에 조금 못 미쳤는데, 이른바 목회활동비의 경우 최소 2~3억원이나 돼요. 목회활동비는 도서비, 자동차 유지비, 자녀들의 장학금 등 여러 항목으로 이루어져 있는데, 이 수입이 임금소득을 두배 안팎이나 상회하죠.

그런데 현재의 종교인 과세 시행령 수정안에 따르면 임금소득보다 더 고액일 수 있는 목회활동비가 과세 대상에서 공제된다는 거예요. 목사의 고소득이 문제가 되는 교회는 전체 교회의 5퍼센트도 안 될 텐데, 극소수의 목사들에게 특혜를 주는 방식의 과세안이 확정된 거죠. 목회활동비를 과세 대상에서 제외한 것이 너무나 안타깝습니다. 이정미(李貞味) 정의당 당대표가 이 시행령 수정안이 발의된 2017년 11월 30일에 "일부 교단의 눈치를 보다가 공평과세 원칙이 사라진 누더기 개정안이 나오고 말았다"라고 문제 제기를 했지만 결국 수정안대로 실시하기로 했지요.

그런데 이것이 목사들 수입의 전부가 아니에요. 이른바 촌지 수입이 있어요. 대표적인 것이 심방비죠. 목사가 교인들의 집으로 심방(尋訪)을 가면 많은 교인들이 돈봉투를 감사헌금조로 전달해요. 그건 교회 재정에 포함되는 게 아니라 목사 개인에게 전달되는 거예요. 그밖에 결혼 주례비, 장례 집전비 등도 마찬가지지요. 그 액수가 얼마인지는 아무도 몰라요. 들리는 소문으로는 대형교회의 경우 임금소득과 목회활동비를 합한 것보다 결코 적지 않다고 합니다. 하지만 이것은 거의 예외없이 현금으로, 비공식적 방식으로 전달되기 때문에 그 내역이 전혀 포착되지 않죠. 그래서 촌지소득은 그 금액이 아무리 많아도 과세가 불가능하고, 문화를 바꿔야 하는 문제이지요.

이렇게 종교인 과세가 하나의 화두가 되면서 시민사회가 교회의 부당한 재정 운영에 대해 관심을 갖기 시작했어요. 명성교회가 한 예죠. 명성교회 담임목사는 드러난 비자금만 800억원 정도 됐어요. 담임목사와 수석장로 두 사람만 아는 비자금이었죠. 그런 식으로 비밀스럽게 재정을 운영할 수 있다는 것이 목사나 교회 엘리트 집단의 권력의 원천이 아닌가 해요.

강남순 한국에서는 흔히 정치인이든 직장인이든 '회식'이라는 독특한 문화를 공유하면서 거기에 참여하잖아요. 대학에서도 마찬가지죠. 원하든 원하지 않든 회식을 해야 하고, 또 그것이 '밤 문화'의 일부죠. 재정을 민주적으로 투명하게 운영하지 않는 게 사회적 관행인 거예요. 교회는 더하죠. '주의 종'이 하는 일이라니까 누가 와서 말만 잘하면 1000만원, 2000만원씩 쓱쓱 주고요. 저도 그런 교회 좀 소개해달라는 부탁을 많이 받았어요. 미국 교회나 대학에는 회식이라는 개념이 전혀 없어서, 회식을 영어로 번역하기가 난감할 정도예요.

제가 겪은 일을 예로 들어볼게요. 제가 한국을 떠나 미국의 대학으로 간 지 얼마 안 되어서, 교수 채용을 위한 대학 인사위원회 위원으로 임명되어 일한 적이 있어요. 한명 뽑는 자리였는데 100여명이 지원을 했어요. 그 지원자들에 대한 서류전형 절차를 거치고, 1차 서류전형에서 통과한 대상자들을 학교로 부르는 캠퍼스 인터뷰를 하기 전에 2차 면접을 합니다. 그 2차 면접은 화상으로 하기도 하고, '미국종교학회'(American Academy of Religion)의 연례 대회에서 직접 인터뷰하기도 하지요. 그해 그 학회에서 2차로 선발된 교수직 지원자들을 인터뷰했는데, 이틀에 걸쳐 지원자들을 인터뷰하는 동안 음료수든 식사든 그 어떤 것도 학교가 지불하지 않더군요. 한국 같으면 인사위원들끼리의 회식 비용이나 인터뷰 때 마시는 커피 비용은 당연히 학교에서 지불하겠지요. 제가 한국 문화에 젖어 있던 때여서 이렇게 인사위원회의 일을 하는데도 학교가 아무것도 제공하지 않는다는 사실이 이상했어요. 인사위원이 되면 일이 참 많거든요. 추천서나 제출된 논문 등을 모두 읽어야 할뿐더러, 연례 학회의 다른 일도 많은데 그 바쁜 시간에 틈을 내어 학교 업무로 지원자를 면접하고 있는 거잖아요. 그런데 인사위원들은 면접장에 각자 자기 커피를 사 들고 오고, 학교 일을 하는데도 학교 돈을 전혀 따로 쓰지 않더라고요.

지금 생각하면 지극히 상식적인 일인데, 당시에는 회식문화가 전혀 없다는 것이 저로 하여금 많은 생각을 하게 했어요. 대학에서 학장이든 총장이든 학교 돈을 판공비로 쓴다는 개념이 없어요. 학장하고 단 둘이 뭘 먹어도 각자 내요. 교회에서도 목사든 교인이든 마찬가지고요. 누군가가 '내가 식사 대접을 하겠다'라고 초대 의사를 밝힌 모임이 아니고서는 나눠서 내는 거죠.

재정의 투명성은 민주사회의 기본값이어야 합니다. 미국에서는 교회나 대학에서 공공적으로 납득할 만한 분명하고 합리적인 이유가 없는 경우 공금을 쓸 수 없고, 만일 썼을 경우 그것이 밝혀지면 철저히 책임을 져야 해요. 제가 미국 대학이나 종교단체에 대해 언급하는 이유는, 종교가 사회의 한 부분이라는 점을 강조하기 위해서입니다. 즉 한국 교회에서 벌어지고 있는 상황을 한국 사회로부터 분리해 분석할 수는 없다는 뜻이지요. 교회는 사회로부터 분리된 외딴 섬처럼 존재하는 것이 아니라, 그 사회의 한 부분으로 존재해요. 교회에 대한 분석은 한국 사회·문화·정치 등 다층적 차원의 분석과 함께 이루어져야 합니다. 역사적 변화 과정을 거쳐 한 사회에 공정성·투명성에 대한 인식과 실천이 확산돼야 하는데, 사회에서의 발전은 없이 교회의 공정성·투명성만 살핀다는 것은 어불성설이죠.

김진호 제가 보기에 종교인 과세 논란의 핵심 문제는 '국가의 세무 담당 공무원이 교회의 재정장부를 열람할 수 없다'는 것입니다. 목사의 소득은 몇억 내지 몇십억이겠지만 교회 소득의 더 큰 부분은 부동산과 관련되어 있죠. 현재는 교회가 부동산을 거래하면 소득세나 취득세를 전부 면제해줍니다. 교회 건물을 건축한 사람을 인터뷰해 조사한 일이 있는데, 일반 건물보다 비용이 훨씬 더 많이 든다고 해요. 그의 증언에 따르면 30퍼센트 이상의 초과비용이 들어간다고 하는데, 저는 그 이상일 거라는 생각이 들어요. 충현교회나 사랑의교회가 교회당을 지을 때 애초에 세운 예산의 두배 가까운 비용이 들었거든요.

그렇게 비용이 많이 드는 첫째 이유는 리베이트(rebate) 때문이에요. 교회 건축을 둘러싼 브로커들이 있고, 그들이 건축업자와 담합하여 비용을 부풀린다고 합니다. 둘째로는 건축자재나 설계가 자주 변경되기 때문입니다. 건축주와 건축업자 사이의 협의 과정에서 교회당에 대한 건축주 측의 욕구가 인플레이션되는 거예요. 건축업자와 브로커는 그것을 이용하곤 하는 거죠. 셋째로는 설계와 건축 과정에서 불법이 자행되기 때문입니다. 그건 교회가 법을 준수해야 한다는 경각심이나 두려움이 덜하다는 점과 관련이 있어요. 그러다 보니 문제가 되었을 때 수습하는 비용이 드는 거죠. 대지 매입 과정에서부터 브로커는 법을 두려워하지 않는 교회의 태도를 이용한다는 거예요.

대형교회의 교회당 건축에서 하나 더 짚고 넘어갈 것이 있어요. 몇몇 교회는 기업을 운영하는 교인이 회사 자금을 이용해 교회당을 무상으로 지어서 기부했지요. 교회당의 기부건축이 기업에는 탈세의 통로로 이용되곤 하고, 기업가에게는 비자금을 형성하는 통로로 이용된다는 얘기가 있어요. 실제로 온누리교회는 그것이 문제가 되어 대법원까지 가서 교회가 해당 기업에게 건축비를 상환해야 한다는 판결을 받았지요. 그때 기부건축을 결정한 기업가의 회사 공금 배임도 문제가 되었어요.* 소망교회는 이명박(李明博) 씨가 현대건설 사장으로 있을 때 외상으로 지어줬어요. 그것이 기업가의 비자금 형성 통로였는지는 밝혀지지 않았지만, 이것이 교회의 재정장부에 명확하게 기록되었는지 확인할 길이 없어 사람들에게 의혹을 품게 만들었죠. 또 폴라리스엔터테인먼트를 계열사로 가지고 있는 무기중개업체인 일광공영의 기업 사무실은 아예 모 중형교회 안에 있었어요. 교회의 재정장부가 열람되지 않기 때문에 교회 계좌를 회사의 차명계좌로 하여 탈세의 장으로 교회를 이용한 거죠. 법원은 이 사실을 유죄로 인정했어요. 교회에서 공금 유용, 횡령, 배임 등의 문제가 일어나, 정치자금이 만들어지고 기업가들의 비자금이 형성되는 것이죠.

교회의 재정 문제는 단지 교회만이 아니라 사회의 부당한 재정을 만들어낸다는 점에서 심각성이 있습니다. 대개는 숨어서 비자금을 조성하더라도 적발될 가능성이 있는데 교회는 감사를 받지 않아 그럴 가능성이 극히 낮은 거예요. 교회의 재정을 담임목사와 재정장로, 그리고 특권적인 교인 몇 사람 정도만 알아요. 일반 신자는 말할 것도 없고, 일반 장로도 교회 장부를 열람할 수 없죠.

● 온누리교회는 대한생명에 이자포함 479억원을 분할 상환하라는 대법원의 판결을 받았고, 신동아그룹 회장 최순영 씨는 이사의 자기거래금지 위반으로 실형을 선고받았다.

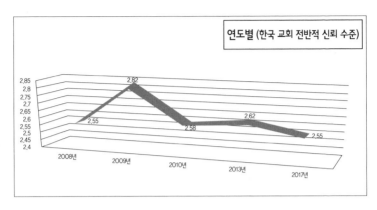

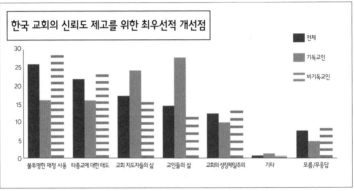

자료: 2017 한국 교회의 사회적 신뢰도 여론조사 결과 분석(기독교윤리실천운동)

2017년 3월 사단법인 기독교윤리실천운동에서 종교 신뢰도 조사를 한 결과를 밝혔는데, 개신교가 5점 만점에 2.55점으로 꼴찌를 했어요.[*] 개신교는 지난 10여 년 동안 거의 비슷한 비율로 꼴찌에

● 기독교윤리실천운동이 매년 조사하는 종교 신뢰도 조사 참조. 2017년 조사 결

요. 2017년 1월 중순에 조사가 이루어졌는데, 당시 태극기 집회가 일어나 교회의 이데올로기적 행보에 대한 시민사회의 문제의식이 한창 깊었어요. 그럼에도 교회의 신뢰도를 저하시키는 첫번째 요소로 이데올로기 문제가 아니라 재정 불투명성 문제가 꼽힌 것이죠. 이미 시민사회는 교회의 불투명한 재정에 대해 심각한 문제의식을 갖고 있어요.

종교인들의 면세는 교회의 재정 불투명성 문제에서 빙산의 일각에 지나지 않아요. 그런데 그 빙산의 일각에 대한 입법안조차 진보적인 정부에서도 시행하지 못하고 계속 후퇴시키고 있죠. 그 이유를 생각해봐야 합니다. 종교인 과세를 공명정대하게 실시하는 일은 당연하고, 더 나아가 교회의 재정 불투명성 문제가 기업의 비자금 시스템을 가능하게 하며, 그것이 교회와 정계, 교회와 재계를 연결하고 그 연결점에서 활동하는 사람들이 한국의 슈퍼파워엘리트가 되는 메커니즘을 살펴봐야 합니다.

조사 전문 기관인 라이프웨이리서치(LifeWay Research)가 1,000명의 담임목사에게 설문한 결과에 따르면 미국 내 9퍼센트 정도의 교회에서 재정 사고가 난다고 해요.** 여기서 9퍼센트는 목사들이 경험했다고 증언한 재정 사고의 비율이므로 이 수치가 최소치

과는 http://cemk.org/2008/bbs/board.php?bo_table=2007_data_cemk&wr_id=423 참조. 이 결과는 지난 10여년 동안 큰 차이 없이 비슷하게 나타났다.

●● "Robbing God, Literally: 1 in 10 Protestant Churches Experience Embezzlement," in *Christianity Today* 2017.8.3.

일 거예요. 목사 자신이 재정 사고에 관여한 경우 그런 경험이 없다고 말했을 가능성이 있기 때문이죠. 그런데 그 9퍼센트의 교회 가운데 외부 감사를 받은 교회는 거의 없다고 합니다.

그 설문 결과를 소개한 기사를 읽으면서 깜짝 놀랐어요. 한국 교회는 99.99퍼센트가 외부 감사를 안 받거든요. 외부 감사를 받느냐 안 받느냐는 논의조차 안 되죠. 내부 감사도 제대로 안 받고, 그 절차가 있더라도 형식상으로만 존재하기 때문에 일반 신자는 장부를 열람할 수 없어요. 이 체제에 속해 있으면서 체제의 존속에 기여하는 일반 신자는 몰라서 그렇든, 알면서도 굳이 피곤하게 문제제기 하기 싫어서 그렇든 사실 공모자인 거잖아요. 이렇듯 교회의 불투명한 재정 문제는 한국 교회와 사회에서 권력의 부조리함을 유지하는 중요한 통로가 되고 있다고 봅니다.

강남순 말씀하신 부분에 동의합니다. 많이 배우고 똑똑한 사람들이 대형교회에 얼마나 많습니까. 그럼에도 교회에 바친 돈이 일반 재정이 아니라 헌금이고, 하나님에게 바치는 것이라고 여기기 때문에 문제제기를 하지 않아요. 거룩한 돈이므로 과세의 대상이 되어서는 안 된다고, 주의 종이 알아서 운영하면 된다고 생각하는 거죠. 목회자는 이를 위해 끊임없이 자신의 지식권력을 이용해 성서를 해석하죠. 즉 평신도들은 그 돈이 특별한 종류의 돈이라고 생각하도록 '세뇌'를 당하는 거예요. '이것은 일반 회사의 돈과는 다른 것이다, 우리는 자발적으로 이 돈을 바친 것이다'라고요. 신도들은 거기에 '왜'라고 문제제기를 하면 괜한 저주를 받지 않을까 하는 두려움을 가지고 있어요. 그 두려움의 메커니즘을 목회자들이 이용하죠. 대형교회는 특히 그 문제가 심각한 것 같아요.

'한복'을 입은 여성혐오

김진호 교회의 권력에 대해 이야기할 때 또 하나 주목할 것은 혐오주의입니다. 한국사회에서 혐오주의가 과거에 비해 훨씬 더 심화됐죠. 이는 한국만이 아니라 전세계적 현상이기는 합니다. 다른 나라와 마찬가지로 한국에서도 종교가 혐오주의를 부추기는 중심이고요. 그중 개신교가 최전선에 있습니다. 우선 여성혐오 문제가 있지요.

한국사회의 여성혐오가 더 심해진 것인지는 잘 모르겠습니다. 워낙에 심했던 데다 이에 대해 제대로 된 조사가 이루어진 적도 없죠. 그러나 여성혐오에 대한 문제제기는 굉장히 강화됐고, 여성의 심리적·실질적 상처에 관한 이야기가 폭넓게 확산되고 있습니다. 이런 요인들이 교회를 따가운 시선으로 바라보게 하는 것 같습니다. 목사들의 성폭력 문제만이 아니라 여성에 대한 여러 형태의 차별이 존재하죠.

강남순 우선 여성혐오가 무엇인지 정확하게 이해해야 합니다. 영어로는 '미소지니'(misogyny)라고 하는데, 여러 연구에 의하면 여성혐오는 두가지 의미를 갖습니다. 첫번째는 '여성은 남성보다 열등한 존재'라는 것입니다. 여기에는 서구의 아리스토텔레스로부터 이어지는 철학적 기초가 있어요. 두번째는 '여성은 위험한 존재'라는 거예요. 기독교가 여기에 굉장한 기여를 합니다. 서구에서 기독교는 단지 하나의 종교가 아니라 문명의 근간을 이루는 사상이거든요. 그런 만큼 성서가 여성을 어떻게 표상하고 있는지가 굉장히 중요하죠.

가장 먼저 살펴야 할 것은 여성이 열등하거나 위험한 존재라는 생각이 노골적인 양태로만이 아니라 매우 은밀한 양태로 작동되고 있다는 것입니다. 그다음으로 살펴야 할 것은 여성혐오를 하는 주체가 남성만이 아니라 여성 스스로이기도 하다는 거예요. 가부장제 사회에서 자라고 교육받아온 사람들은 여성혐오적, 즉 가부장제적 가치를 내면화해요. 그래서 여성도 여성을 혐오하죠.

예를 들어 한국 교회 신도의 절대 다수가 여성이지만, 여성이 교회사역자가 되기는 쉽지 않아요. 여성 목사를 허용하지 않는 교단은 말할 것도 없고, 여성 목사 제도가 있는 교단도 실제로 교회 내에서 여성 신도조차 여성 목사 부임을 원치 않는 경우가 많아요. 여성은 어쨌든 남성보다 열등하다는 생각 때문에, 여성 지도자를 여성들 스스로도 거부하는 거죠.

제도화된 종교로서의 기독교를 움직여나가는 두가지 권력구조가 있습니다. 강단권력(preaching power)과 교수권력(teaching power)이에요. 목사를 파송해서 교육하는 교수 중에 여성은 거의 없잖아요. 여성 목회자가 있는 교단이라 할지라도 여성 목회자는 극히 일부 교회에서만 청빙받아 목회를 하거나 교단이 인정하는 기관에서 일하죠. 파송제도가 잘 정착된 경우에는 주변부 지역으로 파송되고요. 예를 들어 인도네시아에는 여성 목사가 많아요. 처음에는 여성 목사가 많다는 게 민주적이고 좋은 현상인 줄로만 알았어요. 하지만 인도네시아의 경우 이슬람이 주류인 곳이라 교회에 물질적·사회적 권력이 집중되지 않으니까 여성 목사가 허용되는 거였어요. 남성이 오지 않기 때문에 여성 목사가 많은 거죠.

한편 여성 목사 안수라는 것이 교회 내 성평등 실현 과정에서 굉장히 중요한 단계이기는 하지만 그것은 필요조건이지 충분조건은 아니죠. 충분조건이 되기 위해서는 목사 안수를 받은 여성이 어떤 활동을 하고 있는가, 어떻게 의사결정 기구와 과정에 참여하고 있는가를 봐야 합니다. 감리교에는 감독제도가 있지만, 감독 가운데 여성은 한명도 없어요.

김진호 제도적으로 여성이 감독이 되는 것이 불가능한가요?

강남순 그런 건 아니에요. 법적으로 여성이 감독으로 활동하는 것을 제지하지는 않습니다. 그러나 법적 평등이 실질적 평등으로 이어지려면 많은 구체적 변화가 필요하죠. 법적 평등은 필요조건이지만 충분조건은 결코 될 수 없다는 것을 한국 교회 현실에서 분명하게 볼 수 있습니다. 감독이 되기 위해서는 다양한 재정적 지원이 필요해요. 물론 이러한 사실이 문서에 명시된 것은 전혀 아닙니다. 그러나 감독으로 선출되기 위해 엄청난 재정이 필요하다는 것은 그야말로 '공공연한 비밀' 같은 거예요. 누군가는 8억원을

각 교단 여성 안수 결의 현황

교단	여성 안수 인정 여부 (통과 연도)
대한예수교장로회(예장) 통합	인정(1994)
예장 합동	불인정
기독교대한감리회(기감)	인정(1931)
한국기독교장로회(기장)	인정(1955)
기독교한국침례회(기침)	불인정
예장 고신	불인정
예장 합신	불인정
예장 대신	불인정
예장 백석	인정(2009)
기독교대한성결교회(기성)	인정(2004)
예수교대한성결교회	인정(2003)
기독교대한하나님의성회	인정(1953)
대한성공회	인정
구세군	인정
기독교한국루터회	인정

주요 여성 안수 찬성 교단 현황

교단	결의 연도(년)	여성 목사 수(명)	비율(%)
기감	1955	746	6.9
기장	1974	306	10.6
예장 통합	1944	1,477	8.5
기성	2004	169	3.6
기침	2013	미집계	-

2015년 각 교단 여성 총대 현황

교단	전체 총대(명)	여성 총대(명)	비율(%)
예장 통합	1,500	16	1.1
기장	720	59	8.2
기감	1,474	66	4.5
대한성공회	105	15	14.3
기독교대한복음교회	129	21	16.3
기독교한국루터회	84	7	8.3

• 자료: 한국교회여성연합회
• 교단 총회의 의결권을 가진 이들을 '총대'라고 하는데, 그 수에서 여성
과 남성의 비율은 극도로 비대칭적이다.

요구받았다고 하기도 해요.●

재정 지원이 있어야 감독 후보자로 나올 수 있다는 것은, 대부
분 재정 독립이 어려운 교회의 목회자로 일하고 있는 여성들이 감
독 후보로라도 추대되는 것 자체가 불가능하다는 뜻입니다. 재정
지원뿐 아니라 막강한 인력 지원이 필요한 것이 감독 선거인데,
여성 목회자는 교회나 다른 목회자들로부터 이런 지원과 지지를
받지 못하니 감독이 되기 어렵지요. 한국의 감독 선거 문화가 지
극히 반민주적이고 자본주의적이기 때문에 생기는 문제예요.

심지어 감독은 감리교회에서 평생 유지할 수 있는 직무도 아니

●「감리교 감독회장 '돈 선거' 이 정도일 줄이야!」,『뉴스앤넷』2013.9.26.

에요. 이전에는 4년 임기였는데, 지금은 2년으로 줄었습니다. 감독을 하고 싶어하는 이들은 많고 자리는 제한되어 있으니, 임기를 줄여서라도 많은 이들의 욕구를 채워주려는 제도 개정이라고 봅니다.

미국 연합감리교회의 감독은 종신직입니다. 2012~16년 활동 중인 감독은 총 46명입니다.* 이 가운데 여성 감독은 14명이고, 첫 여성 감독이 선출된 것은 1980년이었습니다.** 많은 여성 목회자가 다양한 자리에서 지도자로서 활동하고 있습니다. 미국의 힐러리 클린턴(Hilary Clinton)이 감리교인인데, 영부인이던 시절 감리교 여성 감독들을 불러 만찬을 열었을 정도로 큰 권력을 가진 집단이에요. 한국의 감독은 그런 권력이 없고 종신직이 아닌데도 여성 감독이 없어요.

한 집단이 성평등을 이루었는지를 평가하려면 결정 기구와 결정 과정에 누가 참여하는가, 성별이 어떻게 안배되어 있는가를 봐야 하는데, 기독교를 포함해 대부분의 제도화된 종교는 권력의 상층부로 올라갈수록 여성이 부재합니다. 여성에게 목사 안수를 준 교회라고 해서 여성혐오가 사라진 것은 아니라는 게 그런 의미입

- "U.S. bishops elected, assigned for 2012.16," *The People of The United Methodist Church* (http://www.umc.org/news-and-media/us-bishops-elected-assigned-for-2012-16).

●● http://www.umc.org/who-we-are/frequently-asked-questions-about-the-council-of-bishops#Are-there-women-bishops-in-the-United-Methodist-Church 참조.

니다. 교회의 다수를 이루는 여성들은 남성 목회자 중심으로 가부장제적 교회 권력이 지속되도록 주의 이름으로 동조하는 것입니다. 신실하게 목회자에게 순종해야만 복을 받고 천당에 가니까요.

김진호 제도상으로든 담론상으로든, 노골적으로든 은밀하게든, 여성이 교단 내 지도자의 위치로 진입하는 데 교회가 여러가지 장애물을 놓아두고 있다는 것이 중요한 지점인 듯합니다.

여기에 더해 일상적 차원을 살펴보고 싶어요. 교회야말로 성역할이 고정되어 있는 집단이잖아요. 여성은 교회에서 한복 입고 안내를 하고, 누군가를 가르치는 일보다는 설거지하고 밥하는 일을 많이 맡죠. 또 여성 교인들에게 권장되는 모범적인 헤어스타일이나 복장도 존재합니다. 어느 기독교 쇼핑몰에서 '사랑의교회 스타일'이라는 것을 정해두고 판매할 정도였어요. 단정하고 수수하며, 여성스럽지만 노출이 최대한 억제된 패션이었죠. 그런 여성상이 많이 소비되고, 또 이를 자기화하기 위한 노력이 존재하는 거죠.

한편 제가 주변에서 보면서 안타까웠던 것이 있어요. 부부가 함께 신학 공부를 하러 유학을 갔다가 남편의 학위과정만 끝나면 같이 돌아와요. 아내는 중간에 아이를 낳아서 공부가 지연되어도 그냥 귀국하는 거예요. 이건 일반적인 직장이나 다른 분야의 연구자들도 마찬가지죠. 하지만 그 양상은 기독교인들에게서 좀더 두드러진 것 같아요. 이를테면 여성을 욕망의 주체가 될 수 없게 만드는 담론의 장치들이 교회 안에서 유독 활발하게 작동해요. 제 생각에는 여러 요인이 있지만 기본적으로 기독교가 교회를 가족 모

델로 구상하고 있기 때문이 아닌가 싶어요.

강남순 교회에 특별한 행사가 있을 때 여성이 한복을 입는 것은 표면적으로는 자발성을 띠지만, 탈식민 담론을 보면 제3세계에서 일어나는 양상 가운데 하나예요. 남성은 양복을 입고 여성은 전통 복식을 입죠. 대통령 부부가 해외 순방을 갈 때도 마찬가지고요. 문재인(文在寅) 대통령 취임식 때 영부인이 한복을 입지 않은 것을 주제로 해서 칼럼을 쓰기도 했어요(「한복을 입지 않은 대통령 부인」,『시사IN』2017.6.27). '의상의 정치학'이라는 개념을 들어서, 대통령과 영부인이 동등하게 서구식 의상을 갖춰 입은 그 균형이 중요한 의미를 지닌다고 썼죠.

페미니즘 이론으로 여성의 복상사를 보면 사회가 이상적인 여성을 어떻게 규정하는지가 고스란히 드러나요. 거기에 권력이 개입하고요. 한복을 입히는 행위의 기저에는 남성은 진취적이고 여성은 전통의 보존자라는 고정관념이 작동하고 있어요. 한복이 더 이상 평상복이 아닌데도 특별한 행사 때마다 한복을 입은 여성을 등장시켜 과거의 전통을 보존하는 역할로서 이상화하는 것입니다. 말하자면 교회의 '꽃'인 거예요. 남성들에게 다소곳하게 인사하고 남성들의 온갖 필요를 충족시키기 위해 동원하는 거죠.

김진호 여성의 한복은 불편하고 활동적이지 않잖아요. 결혼식 때 입는 여성의 드레스가 부자연스러운 것도 비슷한 이치죠. 또 인생에서 가장 많이 움직이는 시기가 청소년기인데 남학생은 바지 교복을 입을 때 여학생은 치마 교복을 입죠. 여성을 활동적이지 못한 존재로 규정하는 복장의 규율 장치가 존재하는 거예요. 그런데 개신교 청년들의 대화에서 볼 수 있듯(「'패션 오브 크리스천'(Fashion of Christian)을 말하다」, 『뉴스앤조이』 2007.7.11), 교회에서는 그런 복장의 규율 장치가 좀더 엄밀하게 작동하고 있는 것 같습니다.

강남순 2017년은 종교개혁 500주년을 맞은 해였죠. 개신교의 종교개혁이 교회 안의 여성들에게는 부정적인 역할을 많이 했어요. 가톨릭 교회에는 여성 수도자를 인정하는 제도가 있어왔잖아요. 그래서 여성이 결혼을 하느냐, 아니면 결혼을 거부하고 수도자의 삶을 사느냐를 선택할 수 있었어요. 하지만 개신교는 수도원을 폐지하고 결혼을 이상화합니다. 하나님이 지으신 여성의 유일한 목적은 좋은 아내가 되고, 좋은 엄마가 되는 거라고요.

독일의 신학자인 도로테 죌레(Dorothee Sölle)는 전통적으로 여성에게 규정된 영역이 3K라고 하면서, 가정이나 교회에서 여성에게 주어지는 역할이 유사하다는 것을 지적했습니다. 3K란 독일어로 부엌(Küche), 아이들(Kinder), 교회(Kirche)예요. 근대 이후에 종교는 공적 영역이 아닌 사적 영역으로, 여성의 영역으로 분류되었습니다. 즉 여성들이 가정에서 하던 일의 연장이 교회 일이 되는 거예요. 한국 감리교 여선교회 회장들을 대상으로 하는 강연에서, 그 자리에 참석한 회장들에게 여선교회의 주요 연례 행사나 활동 사항을 질문한 적이 있어요. 교회의 크기와 상관없이 여성의 교회 내 주요 활동 사항이 비슷하더군요. 교회의 커튼을 언제 어떻게 빨 것이냐, 특별한 때에 음식을 뭘 먹을 것이냐 따위예요. 교회 여성 지도자들을 대상으로 강연할 때마다 물어보곤 하는데, 해가 바뀌어도 그들의 업무 내용은 바뀌지 않습니다.

성서에는 여성혐오와 관련된 여성의 두 이미지가 있습니다. 하와와 마리아입니다. 하와는 인류를 죄에 빠뜨린 '악녀'의 이미지로, 마리아는 전적으로 순종적인 '성녀'의 이미지로 부각되어 있습니다. '악녀'와 '성녀'라는 두 이미지는 상당히 다른 것 같지만 그 출발점은 동일해요. 여성이 가부장제적 틀에 부합되면 '성녀'로 추앙받지만, 그 틀을 벗어나면 '악녀'가 되지요. 인간의 다층성을 무시하고, '악녀'와 '성녀'라는 상충되는 이미지로만 여성을 부각시키는 것이야말로 여성혐오 사상의 핵심입니다.

기독교 교부신학자들은, 모든 여성에게는 하와의 속성이 있기 때문에 신의 뜻을 거역하고 남성을 죄에 빠뜨린다고 보았지요. 테르툴리아누스(Tertullianus)는 여성을 '악마로 가는 통로'(devil's gateway)라 했고, 아퀴나스(Thomas Aquinas)는 여성을 '잘못된 남성'(misbegotten male)이라고 규정했습니다. 중세 500여년 동안 벌어진 마녀사냥도 여성혐오 사상의 역사적 예증이지요.

여성은 '열등한 존재'이며 '위험한 존재'라는 여성혐오 사상은 현대에 들어와 다른 옷을 입었지만 여전히 강력하게 교회와 사회에 작동하고 있습니다.● 여성혐오의 인식론적 전제는 문화마다 다르지만, 그 근저에는 철학적·종교적 토대가 있습니다. 기독교 안의 여성혐오는 고대 철학으로부터 시작하는 철학 전통에서의 여성 이해와 기독교적 여성 이해의 왜곡된 인식론의 결합체죠.

김진호 예수의 어머니인 마리아는 교회에서 굉장히 중요시되지만, 예수의 동역자인 막달라 마리아는 배제되거나 「누가복음」에서처럼 매춘 여성으로 해석되기도 하죠. 여성주의 성서학자인 피오렌자(Elizabeth S. Fiorenza)에 의하면 막달라 마리아는 예수 제자단에서 베드로에 필적하는 주요 인물이었는데, 모든 복음서의 제자 명단에 여성은 한명도 포함되지 않았고 대표적 인물인 막달라 마

● 더 자세한 논의는 다음을 참조. 강남순 「서론: 여성혐오사상, 페미니즘의 도전과 기독교」, 『페미니즘과 기독교』 개정판, 동녘 2017.

리아도 빠졌어요. 가장 오래된 복음서인 「마가복음」을 보면 예수와 그의 어머니 마리아는 다소 대립적인 모습을 띠기도 하는데, 교회가 제도화되는 과정에서 어머니 마리아는 굉장히 중요한 인물로 부상해요. 그러니까 예수운동에서는 그렇지 않았음에도 교회가 제도화되는 과정에서 어머니의 역할, 특히 단 한명의 어머니는 중요하게 해석된 반면, 동역자나 지도자의 역할에서 여성은 격하 내지 배제되었다는 것입니다. 여성은 동역자가 아니라 돌보는 것으로만 역할을 한정하는 것이죠. 이러한 지정된 역할에 순응하지 않는 여성은 위험한 여성으로 규정되고요.

여성이 사회와 노동시장에서 활발히 활동하고, 지적으로도 남성보다 뛰어난 경우가 굉장히 많은 상황에서 위축된 남성들을 위로해주는 담론 가운데 교회 담론이 대중의 지지를 확보하는 것 같아요. '위험한 여성'을 처벌하려는 생각이 우리 사회에서 여성혐오주의의 표현으로 노골적으로 드러나고요. 강남역 10번 출구 사건*처럼 범죄 행위로 나타나는 것의 기저에는 일상에서 은밀하게 작동하는 혐오의 양식들이 존재한다고 봅니다.

강남순 강남역 사건 등에서 노골적으로 표출되긴 했지만, 이를 가

---

* 2016년 5월 서울 강남역 근처 번화가의 공중 화장실에서 한 여성이 숨어 있던 남성에 의해 살해되는 사건이 일어났다. 많은 이들은 이 사건을 '페미사이드'(femicide), 즉 여성 살해로 보았고, 강남역 10번 출구에서 고인을 추모하는 행렬이 이어졌다. 이 사건은 한국사회에서 여성혐오에 대한 경각심을 촉발하는 큰 계기가 되었다.

능하게 한 건 오랫동안 쌓여온 여성혐오입니다. 또한 여성혐오는 성소수자에 대한 혐오, 외국인 혐오, 장애인 혐오, 무자녀 혐오와도 연결돼요. 다양한 혐오의 근저에는 정상과 비정상이라는 이분법적 구조가 작동하고 있어요. 정상적인 여성과 비정상적인 여성, 정상 가족과 비정상 가족. 예를 들어 정상 가족은 이성애자 부부와 아이들로 구성되어 있고, 이것에서 벗어나는 모든 가족 형태는 비정상으로 규정하는 거예요. 낙태, 즉 인공유산을 죄로 여기는 문제도 이것과 연결됩니다. 장애도 하나님의 축복을 받지 못했기 때문에 생긴 것으로 보고, 백인을 제외한 외국인에 대해 차별도 심하고요. 교회는 성서를 가지고 정상과 비정상을 규정하는 데 더 앞장서고 있어요.

정상과 비정상의 틀에서 보면 전통적인 여성의 이미지를 가지고 있는 여성은 정상이지만 이를 벗어나면 전부 비정상일 뿐 아니라 나쁜 거예요. 종교개혁 이후 개신교 내에서 여성은 두가지 종류밖에 없어요. 출산 도구와 성적 도구예요. 즉 아내/엄마의 역할을 하든가, 남성의 성적 욕구를 충족해주는 창녀가 되든가 둘 중 하나인 거죠. 수도사 제도가 없어지고 결혼이 지극히 이상화된 뒤, 하나님 나라가 실현될 수 있는 장소는 가정으로 여겨졌고 거기서 여성은 재생산의 도구에 불과해요.

김진호 선생님은 여성혐오를 좀더 오래된 가부장적 문화와 연결해 말씀하셨는데요, 거기에 동감하면서도 저는 좀더 최근의 한 국사회, 특히 신자유주의 질서에 거칠고 빠르게 빨려들고 있는 한국의 상황에서 여성혐오를 볼 필요도 있다고 생각해요.

1997년과 2008년의 경제위기를 거쳐 신자유주의 질서가 폭력적으로 구축되는 과정에서 한국은 그야말로 치열한 경쟁사회에 돌입합니다. 사람들 각자는 출구 없는 무한경쟁의 소용돌이에 휩싸인 채 생존게임 속에 허덕여야 하지요. 독재정권 같은 명약관화한 가해자가 보이지 않는데, 사람들은 너무나 절박하게 고통에 시달리게 된 거예요. 많은 사람들이 이유 모를 분노와 좌절감을 겪고, 그런 상황에서 무수한 혐오주의가 난무하게 돼요. 가령 이민자, 동성애자 등에 대해서 말이죠. 여성혐오의 정서도 그런 혐오주의의 맥락과 맞닿아 있어요.

몇몇 여성학자들은 이것을 신자유주의 사회에서 분출되는 과잉남성성(hypermasculinity)이라는 개념으로 설명한 바 있는데, 한국사회에 대해서도 그런 분석이 있어요. 재미 여성주의 종교학자인 김나미 교수는, 이러한 신자유주의의 과잉남성성으로부터 가장 깊은 영향을 받았고 또 이를 일상화하며 제도화하는 영역으로서 교회를 지목하고 있어요. 즉 교회와 여성혐오주의는 신자유주의 사회에서 서로를 강화시키고 있다는 것이지요.

반동성애에 올인하는 개신교

김진호 여성혐오 이상으로 교회에서 문제적인 것이 동성애 혐오입니다. 동성애 외에도 다양한 성적 정체성이 있지만 한국사회에서 다른 정체성은 관심의 대상에서 배제되어 있죠. 한국 개신교는 현재 반동성애에 '올인'하고 있는 것처럼 보입니다.

강남순 그런 것 같아요. 미국 교회에서도 가장 논쟁적인 것이 바로 성소수자 이슈예요. 국내 개신교 정치 지형을 만들어낸 배후에는 미국 개신교 정치가 있다고 봅니다. 한국에서 전두환정권이 탄생할 무렵에 미국에서는 레이건(Ronald W. Reagan) 대통령이 등장했고, 레이건이 8년 임기를 마치고 나자 아버지 부시(George H. W. Bush) 정권이 탄생했어요. 레이건에서 부시로 이어지는 12년간의 공화당 집권은 미국의 정치 지형에서 중요한 변곡점이 되었다고 할 수 있어요. 그러니까 1930년대 이후 미국 정치를 주도했던 자유주의적인 뉴딜선거연합이 크게 약화되고 미국 정치가 걷잡을 수 없이 우경화되었던 거죠. 뉴딜연합이 약화된 자리를 차고 들어온 것이 '바이블벨트'(Bible Belt)라 불리는, 기독교가 주도하는 강성우파 선거연합이에요. 이때 바이블벨트를 중심으로 확산된 선거 어젠다가 바로 반동성애와 반낙태였죠.

반동성애·반낙태에 관한 논쟁은 다양한 성적 소수자에 관한 문제로 논점이 확대·발전했습니다. 한국에서는 1987년 대선 때 이러한 미국발 기독교 정치세력화 모델이 유입되었어요. 그땐 효과가 미미했지요. 하지만 점점 확산되면서 2007년 대선 국면에서 한국형 바이블벨트가 엄청난 힘을 발휘했어요. 1987년부터 시작된 87년체제, 그리고 이를 구동해온 민주주의적 선거연합을 압도하는 보수주의적 선거연합이 구축된 것이죠. 그것이 이명박-박근혜(朴

權惠)로 이어지는 10년간의 정치적 파행기를 낳은 계기였죠.

가령 2017년 대선후보 토론회 당시 문재인 후보에게 '동성애에 찬성하느냐, 반대하느냐'라고 묻는 질문이 나왔잖아요. 제가 지난 2017년 12월 11일, "제3의 종교개혁, '혐오의 종교'로부터 '환대의 종교'로"라는 제목으로 서강대학교에서 강연을 했어요. 강연 중에 '좋은 질문'과 '나쁜 질문'의 예를 들면서 '이성애에 찬성하느냐, 반대하느냐'라는 질문을 했죠. 그랬더니 사람들이 막 웃더라고요. 웃는 이유는 이성애라는, 너무나 자명한 것에 대해 왜 찬반을 묻느냐는 것이겠죠.

'동성애에 찬성하느냐, 반대하느냐'라는 것은 잘못 구성된 질문입니다. 동성애에 관한 다층적 이해를 포기하고 전통적인 편견에 입각해 질문을 구성한 것이죠. 무엇보다 이제는 '질문에 질문을 다시 하는 것'에 집중해야 해요. 많은 경우 잘못된 질문일 뿐인데, 이것을 두고 교회는 물론이고 한국사회가 그야말로 소모적인 논쟁을 하고 있어요.

또 교회는 인간의 평등이나 자유, 즉 인권에 대해 너무나 편협한 이해를 가지고 있어요. 저는 학생들에게 '예수가 우리를 구한다(redeem)고 생각한다면, 우리도 예수를 구해야 한다(redeem)'라고 말합니다. 제도적 틀과 교리로부터 예수를 구해서, 그를 성차별과 가부장제에 저항하는 '페미니스트'로 만들어야 하고, 성별, 계층, 인종, 장애 여부, 성 정체성에 상관없이 '모든' 인간의 권리를 지지하는 '급진적 평등주의자'로 만들어야 합니다. 그래야 비로소 예수가 기독교의 중심에 있는 존재로서 현대사회에서 그 의미를 지닐 수 있지요. '예수를 믿는다' 또는 '예수를 따른다'는 것을 다른 말로 하면, 저는 모든 개별적 인간들의 권리를 확장하는 일에 헌신한다는 것이라고 봅니다. 예수의 가장 중요한 메시지는 모든 종류의 경계를 넘어서는 사랑과 환대라고 할 수 있어요.

예수는 사실상 '종교' 자체에 대해서는 전혀 언급하지 않았습니다. 예를 들어 '최후의 심판'이라고 알려진 텍스트(「마태복음」 25장 31~46절)를 보면 심판의 여섯가지 기준이 제시됩니다. 이 여섯가지 기준이란, '배고픈 사람, 목마른 사람, 나그네 된 사람, 헐벗은 사람, 병든 사람, 감옥에 갇힌 사람에게 환대와 사랑과 연대를 실천했는가'입니다. 그런데 그 어떤 항목도 이른바 종교 행위나 교리에 따른 기준이 아니에요. 다만 사랑·환대·책임성에 관한 것이지요.

좀더 깊이 들어가보자면, 이러한 기준은 사실상 단순한 '해답'이 아니라 우리가 지속적으로 치열하게 씨름해야 하는 '질문'이기도 합니다. 예수는 이 텍스트를 통해 '21세기 현대사회에서 우리가 책임성을 가진 채 돌보고, 환대하고, 사랑하고, 연대해야 하는 사람들은 누구인가'라는 매우 복합적이고 심오한 질문을 던지지요. 이 여섯가지 항목은 우리가 단순하게 파악할 수 있는 것이 아니라, 매우 복합적인 현대 세계의 현실구조와 연결되어 있는 것이기 때문입니다. 그래서 '예수를 따르는 삶'이란 인간을 인간답게 살지 못하게 하는 모든 종류의 굶주림, 전쟁, 폭력, 배제와 차별, 혐오 등에 저항하고, 그러한 불평등과 불의를 넘어 보다 평등하고 정의로운 세계로 나아가기 위해 사회의 주변부에 있는 이들과 연대하는 것을 의미해야 합니다.

자끄 데리다(Jacques Derrida)는 '종교란 책임성이다, 그렇지 않다면 아무것도 아니다'라고, 존 카푸토(John Caputo)는 '종교란 사랑하는 사람들을 위한 것이다'라고 말합니다. 이러한 맥락에서 저는 학생들에게 '예수로 돌아가야 한다'는 말을 하곤 하지요. 이 표현은 복음주의적 전통에서 매우 상투적으로 차용되곤 해서 학생들은 이 말에 처음에는 농담인가 생각하기도 하고 의아해하기도 해요. 하지만 어떠한 의미에서 제도화된 종교로서의 '기독교'가 아닌 '예수'로 돌아가야 하는가에 대한 설명을 듣고 나면 고개를 끄덕입니다.

제가 일하는 대학교의 신학대학원에는 기독교인들만 오지 않고 다양한 배경을 가진 학생들이 옵니다. 그래서 자신을 '무신론자'라든가 '휴머니스트'라고 소개하는 학생들이 종종 있어요. 그런데 이렇게 기독교인으로서의 종교 정체성을 지니지 않은 학생들도 예수의 가르침과 실천이 바로 타자에 대한 무조건적 환대, 책임, 사랑과 연대라는 것을 알게 되면 굉장히 열린 마음으로 대화를 하게 됩니다. 그들이 사실상 '기독교인'이라는 정체성을 지니지 않는 이유는 기존의 교회가 보여온 다층적 혐오주의와 무책임성, 그리고 교리의 절대화라는 틀이 주는 문제들 때문인 경우가 많아요.

저는 한국 교회가 예수를 탈교리화하고, 예수가 우리에게 준 가장 중요한 가르침인 환대, 책임, 사랑과 연대의 메시지로 돌아가는 운동을 벌이기를 바랍니다. 그럴 때에야 비로소 한국사회의 다양한 혐오 문제를 풀어가는 일에서 교회가 촉매제 역할을 할 수 있을 거예요.

김진호 여성혐오와 동성애 혐오는 유사한 측면과 함께 다른 측면
도 있는 것 같아요. 기독교가 적을 발명함으로써 자기 위기를 해
소하려 한다는 측면에서는 둘이 같다고 볼 수 있죠. 사회의 위기
의식도 적에 대한 증오로 분출되곤 하잖아요. 과거 한국의 명백한
증오의 대상에는 '빨갱이'가 있었지만 그게 잘 안 먹혀드는 시기
가 도래하자 혐오의 대상으로 일상에서 여성과 성소수자가 호명
된 것입니다.

　그런데 여성혐오가 오래된 혐오주의를 다시 끌어들이면서 재
활용하고 있는 것이라면, 동성애 혐오는 근대적 현상이에요. 성서
에도 여성혐오는 넘쳐나게 많은데, 동성애 혐오는 억지 해석된 텍
스트 몇개 외에는 보이지 않지요. 플라톤의 사랑학개론이라고 할
『향연』에서 가장 이상적인 것으로 간주되는 사랑은 남성 간의 사
랑이죠. 물론 이는 여성혐오의 한 양상에 지나지 않아요. 여성이
불완전하니까 여성과 관계 맺는 사랑도 불완전하다고 본 것이죠.
그 시대에는 여성혐오의 변종으로 남성 동성애에 대한 찬미가 일
반적인 기조였다고 할 수 있어요. 비슷한 시대의 산물인 성서도
거기서 크게 벗어나지 않았을 듯한데, 최근 개신교는 성서를 동성
애 혐오 텍스트로 읽으려 시도하면서 기독교 안에서 반동성애 담
론을 억지로 끌어내고 있어요.

　요컨대 기독교에서 여성혐오를 비판적으로 보려면 성서를 그
역사적 뿌리로부터 분리해 우리 시대의 텍스트로 다시 읽는 작업

이 필요한데, 동성애 혐오를 비판하려면 오히려 역사적 읽기를 통해 그 성서 텍스트가 동성애 혐오와는 아무런 관계가 없었다는 것을 드러내야 합니다. 즉 반동성애 문제에 대해서는, 성서를 역사적으로 해석하는 일과 더불어 과거에는 별 문제가 아니었던 것이 왜 지금에 와서 갑자기 문제로 부상했는지를 살펴보는 일이 필요한 것 같아요.

강남순 미시적 맥락에서 보면, 여성혐오와 동성애 혐오는 물론 각기 다른 측면이 분명 있습니다. 그런데 거시적 맥락에서 보면 결국 여성혐오와 동성애 혐오는 '남근중심주의적 가부장제의 권력 및 체제 유지'라는 동일한 목적 아래 일어난다고 할 수 있어요.

반동성애 문제가 이제서야 중요한 사회 문제로 떠오른 이유는 바로 인권과 정의의 범주를 확장해야 한다는 요구가 표면으로 등장했기 때문이지요. 예를 들어 서구에서 제2기 페미니즘이 등장하던 1960년대 후반에는 동성애를 포함해 다양한 성적 정체성 문제가 수면 위로 올라오지 않았어요. 그런데 성소수자들이 자신들의 인간으로서의 권리와 그에 따른 정의(justice)를 요구하기 시작하자, 이 문제가 사회적 문제로 부상했죠.

정의라는 개념 자체는 고대부터 존재해왔지만, 그 개념은 언제나 '자유시민-남성'에게만 적용됐어요. 보편 개념으로서의 정의 속에 사실상 여성, 어린이, 노예는 배제되어왔죠. 그래서 보편 개념으로서의 정의가 간과해온 세부적 정의를 드러내기 위해 '정의 일반'이 아니라, 다양한 정의 개념이 도입되었습니다. 젠더 정의,

인종 정의, 계층 정의, 성 정의(sexual justice), 생태 정의(ecological justice) 등 세분화된 정의 개념이 등장하고, 그에 따라 '차별'의 세분화된 개념도 나타났어요. 예를 들어 '나이 차별'(ageism), '외모 차별'(lookism), '언어 차별'(linguicism), '장애 차별'(ableism) 같은 개념은 현대사회에서 차별과 인권에 대한 감수성이 다층적으로 확대되고 있음을 보여줍니다. 세분화된 정의, 세분화된 인권 개념이 부상하고, 새로운 인권을 주장하는 세력이 힘을 얻을 때마다 거기에 대한 반격도 일어났습니다. '백래시'(backlash)라고 하죠.

이러한 정황에서 1960년대에는 성소수자 문제가 교회에서 논의조차 되지 않았어요. 당시 교회에서 가장 논쟁적 이슈는 여성 안수에 관한 것이었죠. 이제야 비로소 성소수자들이 자신의 인권을 주장하는 움직임이 가시화된 것입니다. 세계적인 맥락에서 성소수자 문제가 부상하자, 한국사회에서도 성소수자의 권리 문제가 표면화되기 시작했지요.

한국사회에서도 1993년 게이와 레즈비언이 결성한 '초동회'를 시작으로, '친구사이' '끼리끼리' '행동하는 성소수자 인권연대' '성소수자 차별반대 무지개 행동' 등 다양한 단체가 결성되어 활발하게 활동하고 있습니다. 2000년부터 매년 '퀴어문화축제'도 열리고 있죠. 그리고 이름을 가진 모임에 소속되지는 않았어도 사안에 따라 성소수자와 연대하는 활동을 전개하는 이들도 있지요. 한편 지난 2016년에는 12명의 교수·법학자·연구자들이 '한국성소수자연구회'라는 이름으로『혐오의 시대에 맞서는 성소수자에 대한 12가지 질문』이라는 제목의 소책자를 출판한 적이 있습니다.●

저도 여기에 참여해 "성소수자, 예수라면 어떻게 할 것인가"라는 제목의 글을 실었습니다.

이렇게 성소수자의 권익을 위한 다양한 활동이 가시화되면서 이에 대한 반격이 본격화되었는데, 특히 보수 개신교회들이 가장 노골적이고 폭력적인 방식으로 성소수자에 대한 반격을 가하고 있지요. 자신들의 폭력을 신의 이름으로 포장하면서요. 가시적인 양적 성장이 멈춘 정치적·경제적 위기 상황에서 '악의 세력'을 만들어냄으로써 보수세력의 결집을 꾀하려는 권력에 대한 욕망도 강하게 작동한다고 봅니다.

김진호 정리하자면 전통적인 권력에 대한 도전이 '인권'이라는 어젠다로 나타나는데, 여성인권 문제가 부상할 때 보수적인 권력 주체들이 반여성주의를 부추기고 성소수자 인권 문제가 부상하면 반성소수자 담론을 부추긴다는 말씀이시죠. 인권의 성숙에 대한 기성 권력의 퇴행적 반응이라고 해석할 수 있겠습니다.

그 대표적인 사례가 차별금지법 파동이겠죠. 2007년 참여정부 시기에 국가인권위원회에서 차별금지법안을 만들었고, 법무부를 통해 정부 입법안이 국회에 청원되었지요. 이때에도 이미 개신교계의 반대를 예상해 처음 국가인권위원회의 안보다 많이 후퇴한

● 온라인에서 이 소책자의 파일을 다운로드할 수 있다(https://lgbtstudies.or.kr). 또한 허핑턴포스트코리아 웹사이트에서도 각 장을 읽어볼 수 있다(http://www.huffingtonpost.kr/author/lgbtstudies-kr).

안이 국회에 제출되었는데, 결국 개신교계의 노골적인 반대로 상정도 되지 못한 채 휴지조각이 되었어요. 이후 몇차례에 걸쳐 차별금지법안의 입법이 시도되었지만 마찬가지였고요. 이런 과정을 거칠 때마다 개신교계의 반대는 더 조직화되고 체계화되었죠.

서울시 학생인권조례도 비슷한 과정을 거쳤어요. 2012년 주민 발의로 만들어진 조례안이 서울시 의회를 통과했지만 '성적 자기 결정권으로 인한 비차별'을 명시한 부분이 문제가 되어 '친동성애 조례안'으로 간주되었고, 특히 개신교계의 반대가 엄청났지요. 이 사건을 거치면서 개신교의 반동성애 운동은 더욱 활기를 띠게 되었어요.

흥미로운 건, 사회적 신뢰도가 매우 낮은 개신교가 반동성애를 부르짖는 모습이 시민사회에 그리 좋게 보이지 않았다는 거예요. 더욱이 그 방법이 지나치게 폭력적이고, 거친 언사를 고성방가하듯 내뿜어대는 것이었기에 공감대를 얻기 어려웠죠. 그 이전까지 동성애에 대해 무관심했거나 거부감이 있던 시민들조차, 개신교의 지나치게 수준 낮은 반대논리 탓에 '동성애(를 지지하지 않더라도 그것) 때문에 차별받지 않아야 한다'는 생각을 도리어 갖게 되었어요. 2015년 아산정책연구원의 조사에 따르면, 한국사회는 '동성애 문제로 인해 차별받지 않아야 한다'는 생각을 가진 사람이 그 반대 입장보다 훨씬 많으며, 성적 지향과 관련한 인권의식의 발전 속도가 매우 빠른 사회라고 해요. 이런 상황이 개신교를 비롯한 우리 시대 보수주의의 몰락을 일면 보여주고 있는 것 같습니다.

강남순 이러한 현상은 '기형적 권력'이 작동되는 양상이라고 봐야 할 것 같아요. '권력'은 그 자체로서 선하거나 악한 것이 아니죠. 그 권력이 개인과 집단에게 어떤 방식으로 행사되며, 그들의 자유·권리·평등의 지평을 제한하는가 또는 확장하는가라는 잣대로 평가해야 합니다. 한국의 경우 정치·종교·경제·문화·교육 등에서 다양한 집단이 자신의 권력을 자유·평등·정의라든지 다층적 소수자에 대한 인권감수성의 확장을 위해 작동시키지 않고, 오히려 성숙한 민주사회를 이루는 데 결정적으로 중요한 가치들을 폄하하거나 왜곡하는 수단으로 사용하고 있어요. 퇴행적·기형적 권력이 정상적인 것처럼 행사되는 현실이죠.

앞서 성서 해석을 이야기하셨는데, 성서 이해에서도 퇴행적 모습이 드러나요. 강연할 때마다 저는 '성서에 이렇게 나와 있는데, 이것을 어떻게 봐야 하나요?'라는 식의 질문을 받습니다. 10년 전이나 지금이나 대부분의 기독교인이 하는 질문이죠. 성서 안에도 다층적 차별과 폭력의 텍스트가 있는데, 이를 통해 성차별이나 성소수자 차별을 정당화하려는 시도가 21세기에도 행해집니다. '성서가 어떤 책인가'라는 가장 근원적인 이해가 교회 안에서 이뤄지거나 전수되지 못한 탓이지요. 그래서 결국 성서는 단일한 텍스트가 아니라는 것, 복합적 층위로 구성되어 해방적 전통만이 아니라 억압적 전통도 지니고 있음을 반복해서 강조해야 합니다.

이러한 맥락에서 한국 교회의 긴급한 과제 중 하나는 '왜'라는 물음을 회복하는 것이라고 봅니다. '왜'라는 물음을 통해 현실에서 벌어지는 혐오와 차별의 구조가 비로소 드러나고, 그 문제의 극복을 모색하는 첫걸음을 내딛게 되니까요. 사실상 '물음표의 부재'는 교회에만 국한된 것이 아니라, 한국의 입시제도를 중심으로 한 공교육의 고질적 문제이기도 합니다.

권력에 저항하는 권력

김진호 권력은 사실 폭력적인데 그 폭력성을 들키지 않는 권력, 즉 스스로 잘 포장해서 미학적으로 아름다워 보이는 권력을 유지해야 지속될 수 있고 이때 폭력은 더 은폐되면서 교묘하게 작동하죠. 반면, 인권에 대한 퇴행적 대응처럼 권력이 자기의 그로테스크함을 직접 드러내는 방식으로 움직일 때에는 기존의 전통적 권력에 대한 문제의식이 잘 발현됩니다.

너무 쉽게 들키는 조야한 권력이 한국 개신교와 깊게 결합되어 있어서 한국 시민사회의 많은 사람들이 교회를 포함한 전통적 권력에 대해 문제제기를 할 수 있는 틀이 마련된 것 같습니다. 동성애 혐오주의에서 드러나는 모습은 교인들조차 자기 종교를 신뢰하지 못하도록 하고, 실제로 신뢰하지 않는다고 답하는 경우가 많거든요. 물론 시민사회가 과연 자기가 비판하는 내용만큼 스스로 성숙할 수 있느냐라는 과제가 있기는 합니다만, 교회의 이러한 퇴행적 모습은 쉽게 청산될 수 있겠다는 생각이 들어요.

강남순 저보다 낙관적으로 보시는데요. 저는 쉽게 청산될 것 같지

가 않아요. 한국 교회가 하고 있는 일이 굉장히 염려스러운 게, 교회 안에서 끝나는 것이 아니라 한국사회 민주주의의 퇴행에 영향을 미치기 때문이에요.

예컨대 '낙태죄'라는 이름이 공식문서에 등장한 것을 생각해볼까요? '인공유산'이나 '임신중절'은 그 수술을 행한 사람이나 받은 사람에게 어떤 부정적인 판단을 가하지 않는 매우 중립적인 표현이죠. 반면 '낙태죄'라는 개념에는 이미 시술자와 시술 수혜자에 대한 법적·종교적인 부정적 판단이 들어 있습니다. 인공유산에 종교적 판단을 담은 표현을 쓰는 나라를 저는 아직 보지 못했어요. 조국(曺國) 민정수석이 '낙태 비범죄화'에 관한 청와대 방침을 설명하는 영상에서 프란치스코 교황의 말을 인용한 것에 대해 가톨릭 주교회의에 가서 사과했거든요. 이 문제는 사과해야 할 일이 아니지요. 여성의 '자기결정권'이 자동적으로 태아의 '생명권'과 대치된다는 시각으로 인공유산 문제에 접근하는 것이 근원적인 문제입니다. 이렇게 종교단체에 가서 한 나라의 민정수석이 사과를 한다는 것은, 그만큼 한국 기독교의 보수성이 성차별과 성소수자 차별을 더욱 공고하게 하는 요새가 되고 있음을 예증합니다.

숫자상으로는 한국의 전체 인구 가운데 개신교·가톨릭 등을 포함한 기독교인의 비율이 높지 않다고 하더라도, 정치나 민주주의 구조를 만드는 데에는 강력한 영향을 미쳐요. 차별금지법 문제만 해도 개신교가 막강한 영향력을 행사하고 있죠. 민주국가에서는 전부 받아들여진 기본적인 인권 조항이 개신교 세력 때문에 통과되지 못하고 있고, 이것이 통과되면 동성애자가 많아질 거라는 둥 너무나 비논리적인 이야기들이 돌죠. 교회가 이런 문제를 어떻게 해결할 것인지가 한국사회의 교육 문제나 민주의식의 확산과도 연결되어 있다고 보는데, 어디서부터 이 문제를 풀어나가야 할지, 갈 길이 참 멉니다.

김진호 동감합니다. 한국사회에서 청산되어야 할 권력이 청산되지 않고 있는 것은 분명하고, 개혁적인 정부가 국민의 압도적인 지지를 받고 있음에도 '낙태 비범죄화' 문제를 포함해 지극히 당연한 일을 관철하는 데에서조차 주저하는 모습을 보이고 있죠. 그런 점에 우리 사회의 암담함이 있는 것 같습니다.

하지만 과거 이명박정권이 들어섰을 때와는 달리 시민의 다수가 그런 보수주의자들, 교회 보수파들의 생각에 동감하거나 동조하는 현상이 현저히 줄어든 것도 사실입니다. 비록 성에 차지는 않겠지만 이러한 변화도 유의미한 것이지요. 한편 보수주의자들의 입장에서는 자기들의 현실이 암담할 수도 있겠다는 생각이 듭니다. 그래서 서로 암담해하는 분위기가 현재 있는 것 같아요. 시민사회가 담론상으로 개혁 연대를 만들어서, 이 부조리하고 퇴행적인 권력이 우리 사회를 더이상 지배하지 못하도록 몫을 해야 할 것 같습니다.

강남순 차별금지법안이 통과되는 것을 막는 권력에 대해 저항하는 권력을 형성해야 합니다. 저항적 구조를 만들어야 해요. 법안이 통과되게끔 하는 적극적인 운동이라든지, 그러한 법안과 운동이 지닌 의미를 하나하나 짚어내는 작업을 열심히 하는 데에 희망의 씨앗이 있지 않을까 생각합니다. 저항 담론이 없으면 왜곡된 권력구조를 바꾸기가 굉장히 어렵거든요.

박근혜 대통령 탄핵 정국에서 한국에 올 때마다 촛불집회에 갔는데, 촛불을 이상화하고 낭만화하는 데는 비판적이었어요. 촛불이 정권을 바꾼 의미는 있지만, 별안간 한국에 민주주의 의식이나 인권의식을 확산시킨 것은 아니거든요. 역사적 사건에 대한 이상화나 낭만화는 지양하고, 구체적으로 인권 확장을 어떻게 이룰 수 있을지 고민해야 합니다. 교회 혹은 교회와 관련된 단체·학자들이 적극적인 대항 담론을 만들고 운동도 전개해야만 긍정적인 의미의 권력을 창출할 수 있다고 봅니다. 이야기가 조금은 희망적으로 끝났나요?(웃음)

김진호 중요한 지적도 마지막으로 해주셨고, 이쯤에서 정리하면 좋을 것 같습니다. 오늘 이야기 나눠주셔서 감사합니다.

강남순 '권력'이라는 화두를 가지고 한국 교회의 복합적인 문제를 조명한다는 점에서 참으로 의미있는 시간이었습니다. 감사합니다.

2장

대형교회,
그들만의 세상
― 대체 불가능한 인맥 네트워크

대담/
박노자
朴露子
Vladimir
Tikhonov

노르웨이 오슬로 국립대학교 한국학과 교수. 러시아 레닌그라드(오늘날 쌍 뜨뻬쩨르부르끄)에서 태어나, 모스끄바 국립대학교에서 가야사 연구로 박사 학위를 받고 러시아 국립인문대학교 강사, 경희대학교 강의전임강사 등을 지냈다. 한국 고대사와 불교사 등을 연구했고 지금은 근대사, 특히 공산주 의 운동사에 몰입하고 있다. 지은 책으로『당신들의 대한민국』(1·2)『우승 열패의 신화』『주식회사 대한민국』등이 있다.

피곤한 노동자들의 마지막 안식처

김진호 선생님께서 '한국이 미국보다 훨씬 더 자유롭고 진보적'이라고 한 브루스 커밍스(Bruce Cumings)의 진단에 대해 일면 동의하시면서도, 노동 조직과 진보 정당의 취약함을 지적하며 '헬조선(hell과 조선의 합성어로, '지옥 같은 한국사회'를 가리키는 말)은 헬미국에 점점 더 가까이 가고 있다'고 지적하신 글(블로그 '박노자 글방', 2017.10.29)을 인상 깊게 읽었습니다. 그 근거로 "경쟁사회, 돈이 지배하는 교육, 과로와 고용불안, 그리고 피곤한 노동자들의 마지막 안식처로서의 근본주의적 교회 집단"을 열거하셨어요. 마지막에 언급하신 '교회 집단'과 관련해 한국이 미국이나 노르웨이 등 선생님께서 경험하신 다른 사회들과 어떤 차이가 있는지 설명을 부탁드립니다.

박노자 한국사회의 상황이 다른 산업화된 국가들과 같으면서도 다른 측면이 있습니다. 확연히 다른 점 하나는, 불안정할뿐더러 엄청나게 사람들의 혼을 빼는 노동환경이에요. 한국과 경제 수준이 비슷한 사회 가운데 그만큼 노동 착취가 고강도·장시간으로 이루어지는 경우는 찾기 힘듭니다. 게다가 전체 노동자의 절반가량이 비정규직이고, 정규직이라 하더라도 직장의 '갑질'에 노출되어 있어 혹사당하죠. 이런 상황이 피착취자를 굉장히 지치고 피곤하게 하며 불안·공포·만성피로·화병을 키웁니다. 그런데 다른 산업화된 국가와 달리 한국은 이 부분을 심리치료 같은 방식이 아니라 종교적 방식으로 대응하죠. 피곤한 노동자들이 교회나 사찰을 안식처로 삼아 잠깐이나마 현실을 도피하고 재충전하는 거예요.

모든 자본주의 국가가 기본적으로 친자본적이지만, 그중에서도 한국은 노동력에 대한 태도가 유난히 자본본위적입니다. 오늘날 한국의 산업은 제조업 비중이 20~30퍼센트 정도이고● 이 제조업의 경쟁력이 제품의 질이 아닌 가격에서 나옵니다. 그 가격 경쟁력을 확보하기 위해 하도급 비용을 줄이지요. 하도급 노동자에 대한 임금 착취가 상당히 심하고, 본사든 하도급 업체든 간에 장시간 노동을 강요하는 일이 일반적입니다. 임금 자체가 낮아 특근 및 잔업 수당이 없으면 한 가정이 살아가기 힘든 거죠. 그래서 노동자들도 울며 겨자 먹기로 주말이나 저녁에도 일하기 때문에 실질적 노동시간은 멕시코보다 길지 않을까 합니다.●● 거기에 상당

● 고용정보원에 따르면, 2011~16년 제조업의 실질 GDP 비중은 28.6%이다.

수 노동자들이 비정규직이라는 고용불안 상태잖아요. 노동은 매우 억압적인 상황에서 진행되고 직장 내 위계질서는 군대를 벤치마킹하죠. 한국은 노동자로 살기가 대단히 어려운 나라인데, 그나마 노동자들에게 현실도피의 창구가 되는 것이 종교라고 봅니다. 각종 종교가 피곤한 노동자들을 종교시장에 끌어들이려 하죠.

김진호 한국의 자본주의가 반인간적이고 억압적이며 자본본위적인 노동 상황을 동반하고 있다는 말씀인데요, 그 점에서는 민주화 이전과 이후가 별로 다르지 않다고 보시나요?

박노자 중하위층 노동자들에게는 그다지 다르지 않습니다. 민주화가 가져다준 가장 큰 변화는 민주 노조(노동조합)가 생긴 것인데, 하도급 업체나 중소기업의 노동자들에게는 해당되지 않는 경우가 많습니다. 민주화 이후 바로 신자유주의화가 진행되었으니까요. 한편으로는 민주 노조를 만들 수 있게 됐지만, 또 한편으로는 70퍼센트의 노조가 비정규직을 받아들이지 않습니다. 노조가 있어도 비정규직에게는 큰 차이가 없는 거예요. 실제로 비정규직이 많은 중소기업의 노조 가입률은 2퍼센트대입니다.●●●

●● OECD에 따르면, 2016년 한국의 연간 노동시간은 2,069시간으로 OECD 35개 회원국 가운데 멕시코(2,255시간)에 이어 2위를 차지했다. OECD 평균인 1,763시간보다 306시간 긴 수치이다.

●●● 고용노동부에 따르면, 2016년 기준 300인 이상 대기업의 노동조합 조직률은 55.1%이며 노동자 수가 적을수록 노동조합 조직률도 줄어들었다.

김진호 노동 상황이라는 관점에서는 연속적인데, 노동자나 대다수 사람들이 체감하는 것은 조금 달라진 면이 있잖아요. 이를테면 과거에는 혹독한 노동 상황 속에서도 언젠가 부유해지고 행복해질 수 있다는 희망이 있었지만, 지금은 '헬조선'이라는 말에서 드러나듯 그런 희망조차 무너져버린 상황이고요.

박노자 1990년대 초반을 기억해보면 현대자동차에 다니던 노동자들은 55~60세에 퇴직하면 퇴직금을 투자해서 식당이라도 차릴 수 있었습니다. 지금은 음식 장사도 다 망합니다. 정말 남는 게 없는 거예요. 과거에는 아이라도 대학을 보내 노동자를 면하게 하겠다는 희망이 있었지만, 지금은 대학을 나오든 말든 불안노동자가 되고 있죠. 소수에 의해 지배받는 대다수를 기다리고 있는 것은 불안노동입니다.

김진호 그런 점과 연계해 한국의 종교 현상을 바라본 박노자 선생님의 해석이 흥미로웠습니다. 한국사회가 다종교 사회라는 것은 종교학자들이 인정하는 바입니다. 종교 간 갈등이 매우 적은 사회이기도 하죠. 선생님은 노동자의 안식처가 되는 근본주의적 교회 집단을 한국사회의 한 특징으로 읽어내셨고, 이를 교회만이 아니라 모든 종교가 공유하는 특성으로 보셨죠. 한국에서 종교는 자본주의와 공생하며 거기서 만들어놓은 시장을 향유해왔지, 종교제도 간에 경쟁을 하는 것으로 작동되지 않았다고 분석하셨고요.

박노자 대한민국에도 종교 간 갈등이 있기는 합니다. 속 깊이 들여다보면 불교와 개신교의 사이가 좋지 않은데, 다만 봉합은 되죠. 봉합되는 이유 중 하나는 국가입니다. 막강하고 전지전능한 국가를 불교든 개신교든 전폭적으로 수용하고 있죠. 또 불교든 개신교든 기업 모델을 취하고 있어서 서로 배웁니다. 예를 들어 봉은사에서 대형교회에 사절단을 보내 경영 모델을 시찰하기도 했어요. 큰 사찰이 큰 교회를 벤치마킹하기도 하고 교회도 사찰의 움직임을 눈여겨보죠. 경쟁을 하기는 하지만 본격적인 갈등이 없는 이유는 한마디로 사업 모델이 종교 간에 서로 그다지 다르지 않기 때문이에요.

'조용기주의', 근본주의가 세속과 만날 때

김진호 19세기 말, 20세기 초 조선에 들어온 선교사들은 굉장히 혼란스러워했다고 합니다. 단일종교 사회에서 온 선교사들에게 조선은 어느 사회보다 종교가 없는 사회처럼 보였던 것이죠. 그런데 조사해보니 조선에 종교가 있고, 그 종교는 서양의 종교처럼 성직자·예배당·종교제도 등을 갖춘 종교가 아니라 일상에 스며들어 있는 종교라는 것을 알게 되었습니다.

그 이해의 문을 연 사람은 1888년 스물한살의 젊은 나이에 미국 북감리회에서 파송하여 조선에 들어온 선교사 조지 존스(George H. Jones)였습니다. 그는 학자는 아니었지만 조선으로 파송된 선교사 가운데 가장 활발한 저술활동을 한 편이었죠. 그가 1901년에 쓴 글에 조선 대중은 서양처럼 경계가 명료한 종교에 배타적으로 귀속하는 것이 아니라 유교·불교·샤머니즘 등 여러 종교성을 동시에 갖고 있다는 점이 드러납니다.* 이후 많은 선교사들이 존스의 탁견에 공감했지요. 그리고 미국 북감리회에서 파송된 또다른 선교사인 헐버트(Homer B. Hulbert)는 조선인들의 심성에 종교성이 혼합되어 있을 뿐 아니라 다른 종교에 대한 배타적·적대적 감정도 없다는 점을 지적했어요.

사실 근대 종교학적 해석은 종교개혁의 산물이에요. 종교개혁 직후 프로테스탄트와 가톨릭은 일종의 땅뺏기 싸움을 벌였어요. 어느 땅의 영주가 프로테스탄트든 가톨릭이든 하나를 선택하면 그 땅의 모든 사람은 영주의 선택에 귀속되어야 했죠. 이런 조치는 루터교와 가톨릭 간에 맺어진 아우크스부르크협약에 의해 이루어졌어요. 이후 여러 프로테스탄트 종파들이 각각 정치세력을 등에 업고 비슷한 협약을 맺었죠. 그 과정에서 서양근대의 '네이션 스테이트'(nation state, 민족국가)가 형성되었지요. 즉 종교개혁 이후 종교들 간의 경계가 만들어지는 과정과 국경이 형성되는 과정이 결합되면서 근대의 정치적·종교적 질서가 구축된 것입니다.

다시 조선 이야기로 돌아오면, 일제는 조선의 전통적 종교상을 미신으로 분류해 종교가 아닌 것으로 취급하면서 탄압했습니다.

● Goerge Haber Jones, "The Spirit of Worship of the Koreans," *Transactions of the Korea Branch of the Royal Asiatic Society*, vol. 2, 1901.

불교도 무속적인 요소를 벗은 종교로 변해야 살아남을 수 있었죠. 요컨대 일제강점기부터 서양 근대적 종교관이 불교나 다른 종교에 영향을 미쳐서, 국경이 없는 종교가 점점 국경이 있는 종교로 바뀌었습니다. 그러면서 기독교인은 불교도여서는 안 되고, 개신교도는 천주교도여서는 안 되고, 개신교도가 무속에 참여해서도 안 된다는 생각을 갖게 된 것 같습니다.

박노자 그 얘기는 밴쿠버에 있는 도널드 베이커(Donald Baker) 교수가 『한국인의 영성』(*Korean Spirituality*, 2008)이라는 책에서 정리했습니다. 배타적으로 소속되는 종교라는 개념은 개화기에 천주교와 개신교가 들어와서 만들어진 것이고, 그전에는 배타적으로 한 신앙에만 소속된다는 개념이 존재하지 않았죠. 추사(秋史) 김정희(金正喜)처럼, 수신제가치국평천하(修身齊家治國平天下)라는 문제에서는 유교적이지만 개인적으로는 불교 신앙심이 깊은 경우도 있었고요.

배타적 소속이라는 것은 한국에서는 개신교가 도입한 거죠. 서양 목사들의 입김 때문에 개신교는 처음부터 유교에 대해 상당히 적대적인 입장을 취했는데, 그러면서도 1907년 평양대부흥운동 사례를 보듯 굿판과 유사한 강력한 영성의 발로, 혹은 접신(接神) 경험 같은 것을 그때부터 중시하지 않았나 싶습니다.

김진호 평양대부흥운동에 대해 짚고 넘어가는 게 좋겠네요. 말 그대로 1907년에 개신교의 교세가 평양에서 급작스럽게 증가했다는

것이죠. 하지만 사실 교세의 증가는 1904~1905년부터 일어났어요. 그 무렵 러일전쟁이 벌어졌는데, 일본군의 진군 경로에 평안도가 있었어요. 당시 일본군과 함께 했던 서양 종군기자들의 기사나 삽화를 통해 민간인에 대한 군대의 폭력이 얼마나 심각했는지를 추정할 수 있죠. 2월, 그 추운 계절에 평안도 시골이 텅 비곤 했답니다. 10년 전 청일전쟁에서 이미 일본군의 만행을 겪은 이들이니 목숨을 건지려면 도망치는 수밖에 없었겠죠. 그나마 평양에는 미국인 선교사들이 지은 교회가 있어서 사람들이 그리로 피할 수 있었어요. 교회는 사실상 미국의 영토로 취급되었기 때문에 일본군이 건드리지 못했거든요. 이것이 1904~1905년 평양의 교회에 신자가 급증했던 이유지요.

　그런데 교회 지도부는 갑자기 늘어난 신자를 감당할 준비가 안 되었던 것 같아요. 우선 왜 사람들이 교회로 몰려오는지를 분석한 흔적이 없어요. 10년 전에 전쟁을 겪었거나 현재 전쟁을 피해 들어온 이들의 트라우마를 읽으려는 노력이 전혀 없었죠. 교회로 들어온 이들의 거칠고 난폭한 모습을 감당하지 못한 선교사들은 골방에 들어가 기도했고, 뜻밖에도 그 와중에 방언이 터져나오는 등 신비체험을 했어요. 이 우연찮았던 뜨거움은 교회로 몰려든 신자들에게 긍정적으로 받아들여졌습니다. 뜨거운 기도회에 참석하던 이들이 하나둘씩 통곡을 하고 죄를 고백하며 열광에 불타올랐죠. 이는 선교사들의 영향력이 급상승하는 계기가 되었어요. 그런 뜨거운 열정이 교회를 통합한 때가 바로 1907년이었던 거예요. 그래서 선교사들은 이 일을 '성령 사건'이라고 이해했어요. 이것이 평양대부흥운동의 1단계예요.

　다음 단계는 영향력이 급상승한 선교사들이 그 권력을 확장하면서 공동체를 근본주의적으로 재구성하려는 양상으로 나타났어요. 신자들은 죄를 고백하는 데서 더 나아가 집안에 모신 신주를 폐기하고, 마을의 사당을 부쉈어요. 그런 게 다 우상숭배라고 선교사들이 가르쳤던 거죠. 앞에서 얘기한 종교의 경계 짓기가 실천되기 시작한 거겠죠. 선교사들은 신학교의 학생 선발에 관한 권한, 교수 내용에 관한 권한, 목사 임용에 관한 권한을 독점하게 됩니다. 그리고 그것을 평안도 전역, 나아가 전국으로 확장하려 했어요. 바로 서북지역의 근본주의가 탄생한 것이었죠. 이것이 평양대부흥운동의 2단계예요. 즉 평양대부흥운동은 성령 사건과 배타적 근본주의 신앙을 결합하는 양상으로 평양에서 일어난, 종교의 재구축 현상이라고 할 수 있어요.

선교사들이 무속 신앙으로부터 분리될 것을 요구했다는 점에서 당시의 개신교는 명백하게 근본주의 성향이 강했던 것 같습니다. 그중에서도 서북지역에서 특히 강했고, 이때 이러한 근본주의 신앙의 가상의 적은 무속으로 대표되는 미신적 현상이었어요. 그런데 중요한 것은 1940년대 후반부터 1950년대에 이들 서북 개신교 신자가 남한에 대거 내려와 재주체화되는 과정에서 새로운 가상의 적이 첨가되었다는 거예요. 바로 공산주의입니다. 저는 이러한 서북류의 근본주의, 즉 반공주의와 결합한 근본주의를 '서북주의'라고 부릅니다. 즉 서북주의는 서북지역(평안도·함경도)에서 일어난 것이 아니라, 그곳 출신자들이 남한으로 내려와 재주체화되면서 나타난 거예요. 이때 서북주의 개신교 신자들은 대단히 공격적인 증오의 사도로 변신했어요.

그런데 서북주의 신앙의 토대 위에서, 서북주의와 다소 다른 새로운 종교운동이 나타났어요. 특히 대중신비주의 신앙운동이 중요했습니다. 광장이나 야산의 기도원에서 조직이나 교리체계, 직제와 별 관계없이 치유 은사 중심으로 벌어진 이런 신앙을 1960년대 이후 조용기(趙鏞基)가 교회운동으로 전환했죠. 즉 조용기 현상은 '대중신비주의 신앙의 교회화'라고 할 수 있습니다.

박노자 조용기 시기의 교회를 보면 한편으로는 무속에 근본주의적인, 즉 적대적인 입장을 표명했지만 한편으로는 오히려 무속인처럼 접신하듯 행동하거나 자기도취 에너지를 발산하는 집단 체험을 연출하기도 했습니다. 무속과 경쟁하면서도 스스로 무속화하는 현상이 있었던 것 같아요.

김진호 앞서 피곤에 지친 노동자들에게 안식처가 되는 종교성을 '근본주의적'이라고 하셨지요. 이 말씀을 '조용기주의'와 연관해 종교학적으로 보충해볼까 합니다. 근본주의(fundamentalism)라는 종교성이 미국에서 태동한 맥락을 보면, 초기 자본주의가 초고속으로 발전하는 동시에 도시화가 빠르게 진척되는 상황에서 수많은 농민 출신 서민 노동자들이 굉장한 이질감과 폭력에 시달리던 것과 관계가 있어요. 이때 근본주의 운동은 현실에서 벗어난 세계를 꿈꾸며 현실의 혹독함을 빗겨가도록 하는 신앙을 제시했지요. 이런 신앙에 왜 근본주의라는 말이 쓰였느냐 하면, 벗어날 길이 안 보이는 혹독한 현실과 달리 절대적인 근본 진리가 관철되던 세계가 이미 존재했는데, 그 근본으로부터 자신들의 동시대 현실이 너무 멀리 벗어났다는 믿음을 표현하기 때문이에요. 그래서 근본주의는 기본적으로 이분법적입니다. 현실은 악이고, 근본적 진리가 관철되었던 그 세계는 절대선이라는 거죠. 그런 점에서 근본주의는 현실과 타협하지 않는 상상을 통해 현실을 견디게 하는 종교적 담론체계라고 할 수 있어요.

한국에 나타난 근본주의는 이와 조금 다릅니다. 한국은 세속적 성공을 향해 달리게 하는 신앙이 근본주의적 진리와 교묘하게 부합해요. 가령 '부자가 되고, 건강해지며, 영적으로 구원받는 것이 하나다'라고 하는 조용기의 3박자 구원론은 지극히 세속적이죠. 현실을 도피하게 하는 게 아니라 현실을 자기 식으로 재해석하고 그것이 근본 진리와 부합한다고 믿는 거예요. 변형된 근본주의라 할 수 있는데, 변형되었다는 것은 연속성과 차이가 함께 있다는 의미입니다.

20세기 전후로 발생한 미국의 근본주의 신앙과 성격이 적잖이 다름에도 '조용기주의' 같은 말 대신 '근본주의'라는 표현을 그대로 사용한 것은 조용기주의가 근본주의의 연장선상에 있기 때문이에요. 1950년대 이념의 시대를 지나 1960년대에 이르면, 이념은 여전히 경직되어 있지만 강력한 자본주의적 변화의 바람이 붑니다. 저는 그것을 '소비사회화'라고 얘기하고 싶어요. 사람들이 빠르게 소비적 존재로 바뀌었고, 욕망하는 주체가 등장했습니다. 종교적으로는 '세속적 신앙'의 등장이라고 할 수 있어요. 이런 맥락에서 근본주의 신앙이 세속적 욕망과 결합했고, 복음주의 신학자들은 그런 신앙을 '번영신학'(prosperity theology)이라 명명했어요. 계보상으로 보면 고전적 근본주의가 그 경직성을 벗어나는 과정에서 변형된 근본주의로서 복음주의(evangelicalism)로 분화되고, 그것이 소비사회와 만나면서 다시 변형된 근본주의인 신복음주의(new-evangelicalism)가 대두합니다. 그리고 이 신복음주의 현상 가운데 가장 적극적으로 세속적 성공을 좇는, 한번 더 변형된 근본주의 신앙 양식을 번영신학이라고 불렀던 것이죠. 세속적 성공에 대해 적극적이라는 점에서 번영신학과 조용기주의는 잘 부합한다고 할 수 있지요. 미국 번영신학의 기수였던 '수정교회'(Crystal Cathedral)의 로버트 슐러(Robert Schuller) 목사와 조용기 목사는 1970년대 후반에 이르러 마침내 조우합니다. 조용기주의는 바로 이런 맥락에서 근본주의와 연속성이 있다고 할 수 있어요.

한편으로 조용기주의는 번영신학과 중요한 차이가 있습니다. 번영신학은 성공한 미국 중상위층의 욕망을 신앙화한 데 반해, 조용기주의는 밑바닥 대중을 욕망하는 주체로 해석했어요. 다만 조용기는 교회를 개척한 서대문구(오늘날 은평구) 대조동 달동네에서 서대문로터리로, 그리고 여의도로 교회당을 옮겨갔고, 그 과정에서 점점 욕망의 주체가 계층적으로 상승해갔죠. 그런 점에서 조용기주의는 점점 번영신학과 비슷해지고요.

박노자 제가 한국 교회를 근본주의적이라고 말씀드리는 데는 또다른 이유도 있습니다. 개신교가 재분배에 대해 적대적이기 때문입니다. 세금도 납부하기 싫은 사람들이잖아요. 재분배 논의를 공산주의적·사회주의적이라 규정하죠.

일단 세계적으로 많은 교회가 공산주의에 대해, 그리고 유럽의 경우 자유주의적(liberal) 교회들이 자유본위주의적 입장에서 사회주의 국가의 징병제에 회의적이었죠. 예를 들어 1964년 옛 동독에서 대체복무제를 이끌어낸 것이 개신교도였어요. 교회가 양심의 원리를 상당히 중요시했죠.

그런데 한국에서 군대와 교회는 혼연일체입니다. 목사 스스로

군목(軍牧)이 되는 걸 선호하고, 군목 경력이 엘리트코스의 일부가 되기도 하죠. 개신교는 한국의 징병제를 뒷받침해주는 역할을 합니다. 이런 면에서 근본주의적이다 싶은 자유주의와 본질적으로 다른 강경보수의 요소들이 있지만, 한편으로는 세속을 등지거나 성토하기보다 '부자 교회'라는 강력한 메시지를 보내고 있죠. 부자가 되기 위해서는 노동자 스스로 착취를 감수하고 열심히 자기를 갈아 넣어야 하는 거예요. 말하자면 피곤한 사람에게 그래도 과로사할 때까지, 쓰러질 때까지 열심히 일하라고 밀어붙이는 메시지가 강한 것 같습니다.

친미 개신교 엘리트의 토대

김진호 대중이 현실의 절망 속에서 갈망했던 기복적 요소들, 가령 병이 낫는다든가, 가난한 사람이 물질의 축복을 받는다든가 하는 요소를 근본주의적 교리 및 담론과 결합한 신앙운동이 1960년대 이후 남한 전체를 들썩이게 했어요.

박노자 고도성장기 권위주의 국가 시기에 종교는 피곤한 대중의 안식처일 뿐 아니라 복지국가를 대신하기도 했어요. 직업 없는 사람이 교회에 다니기만 하면 어디에 소개라도 받아 취업할 수 있었고, 돈이 없어 병원에 못 가는 경우 교회에서 모금을 해주기도 했죠. 한국에서는 국가나 사회가 채워주지 못하는 여러 역할, 즉 종합적인 '커뮤니티센터'로서의 역할을 교회가 맡았던 것 같습니다.

김진호 국가가 복지를 적극적으로 수행하지 않던 시기에, 사회적으로 자활적인 복지체계가 발달할 필요가 있었고 이를 실행하는 주체 가운데 하나가 교회였다는 말씀이시죠. 교회는 공동체성을 강조하면서 소외된 공동체 구성원을 구휼할 수 있었고요. 또 개신교는 사회적 자원이 막강한 종교여서 학교든 병원이든 굉장히 많은 시설을 갖추고 있으므로, 개신교로 개종하는 순간 취업의 기회가 조금 더 넓어졌다는 점도 덧붙일 수 있겠네요.

박노자 학교도 미션스쿨(mission school)이 많고 또 우수하니까요. 게다가 미국과 직결되어 있으니 자기 자식 가운데 누군가 조금이라도 똑똑한 것 같으면 개신교 시스템을 이용해서 미국 유학을 보냈죠. 유학을 마치면 금의환향해 신식민지 사회에서 고도성장을 할 수 있었고요.

김진호 1920~30년대만 해도 한국 유학생의 4분의 3이 서북지역 출신이고, 그들이 대부분 미국으로 유학을 가 기독교 선교사의 영향을 받았죠. 한국 개신교가 친미적 성향을 띨 수 있는, 한국에 친미적 엘리트 체계를 만들 수 있는 토대가 이때부터 마련된 것 같습니다.

박노자 그런 의미에서 교회는 한국과 세계 사이의 매개체 역할까지 말았다고 할 수 있습니다. 특히 근본주의적 개신교 신학자나 목사는 미국의 반공주의적 공화당 엘리트들과의 폭넓은 인맥을 통해 한국의 보수주의에 큰 영향력을 미쳤어요. 한국전쟁이 발발한 무렵에 WCC(World Council of Churches, 세계교회협의회)는 미국 트루먼(Harry S. Truman) 대통령의 외교 고문이었던 덜레스(John F. Dulles)의 입장에 공감하면서 전세계 기독교계에 유엔군의 긴급한 참전 요청을 받아들일 것을 촉구했고, 1952년 전쟁이 장기화되는 국면에서는 휴전론을 폈어요. 당시 북벌론을 주장하던 이승만(李承晩)은 WCC를 용공집단으로 몰아세웠지요. 이는 남한 개신교 교단을 WCC 참여파와 반대파로 분열시키는 계기가 되었어요.

사실 그들 대부분은 근본주의 성향이 강해 둘 사이에 신앙적 차이는 별로 없었어요. 하지만 WCC 참여파, 적어도 그런 교단의 국제통 엘리트들은 WCC와 관련된 국제 기독교 네트워크에서 활동하면서 기독교 배타주의를 지양하려는 성향을 갖게 되었어요. WCC에 참여한 교단은 한국에서 보다 진보적인 세력을 국제적인 외교 네트워크나 시민사회 네트워크와 연결하는 데 기여했던 반면, WCC에 반대한 교단은 반공·냉전주의적이고 배타적인 국제 네트워크와의 연결을 매개했습니다.

김진호 커뮤니티센터 역할을 했던 교회와 관련해 참고할 사항이 있어요. 한국전쟁 시기에 외원(外援) 단체들이 한국에 막대한 기금을 보냈는데, 국가는 그 후원금을 모으고 배분할 수 있는 체계가 무너진 상태였죠. 남한사회에서 그런 체계를 갖춘 가장 강력한 집단이 교회였고, 목사나 장로가 이 일을 구체적인 단위에서 맡아 행했습니다. 아마도 이때 교회가 한국사회에서 자원 과점 집단으로 확고하게 자리 잡은 것 같아요. 이승만정권이나 군정에 의한 특혜도 있었지만, 역사 과정 자체가 한국 개신교에서 자원 능력을 발휘할 수 있게끔 여건을 조성하는 방향으로 흘러가지 않았나 생각합니다. 개신교는 이러한 자원 능력에 기초해서 수많은 기관을 운영하는 주체가 되었고, 또 어느 기관도 개신교 엘리트의 능력 없이는 운영하기가 쉽지 않았어요. 정부기관, 대학 등 교육기관, 경제기관, 복지기관, 언론기관 등 거의 모든 영역에서 말이죠. 그리하여 개신교는 한국사회 커뮤니티의 축이 될 수 있었습니다.

박노자 당시 천주교와 경합하고 있었지만 개신교가 역시 자본력이 월등히 좋았습니다. 개신교가 시기를 잘 만난 부분은 경쟁자들이 약했다는 것입니다. 무속은 사이비종교로 규정되는 등 박정희 정권으로부터 공격당했고, 불교는 이승만이 발동시킨 정화(淨化)운동 이후로 분열을 거듭하면서 내부 잠음이 많아져 개신교처럼 종교시장에서 효율적으로 신자를 늘릴 만한 위치가 못 됐습니다. 1990년대에 들어와서 조금 달라졌지만, 그전에는 근대적 종교시장에 맞는 체제를 갖추지 못했죠. 지금도 복지 관련 시설들을 보면 개신교의 맞수가 될 수 없습니다.

그런 의미에서 개신교는 남한사회의 국시(國是)에 가까운 도덕주의적 이념을 제시하여 강조하고, 반공투쟁 상황에서는 반공의 기치를 독촉할 수 있는 일종의 신흥 '근대판 성리학'이 잠시 되었던 것 같아요. 그러다 민주화 이후에는 여러모로 바뀌었고요.

김진호 정권에 따라 더 적극적이거나 덜 적극적인 수준에서 후원의 내역은 달랐겠지만, 한국 근대화의 배경에 가장 강력한 주체세력으로 개신교가 있었던 것이 아닌가 합니다. 그리고 앞서 말씀하신 것처럼 한국사회가 자본본위적이고 반인간적으로 발전하게 되는 기저에 개신교의 도구주의적 태도가 있었다고 보고요.

박노자 개신교는 노동자가 아닌 자본의 편에 서왔던 것이죠. 성리학이 농민보다는 지주나 양반인 유생과 훨씬 더 가까웠듯이, 교회는 이미 자본을 가진 사람을 중심에 두고 있었습니다. 노동자에게 열심히 설교했던 것도 '당신도 열심히 해서 자본가가 되라'는 것이지, 노동자들의 상황 자체를 유리하게 만들고자 한 것은 아닌 듯해요. 그마저 고속성장기에는 노동자들이 실제로 중소기업인이라도 될 수 있으리라는 희망에 사로잡히기도 해서 잘 맞물린 측면이 있다고 봅니다.

'태극기를 동토에', 한국 교회의 팽창

김진호 산업화시대의 한국 개신교는 반공적이고 맹신적인 친미주의를 드러냈습니다. '종미(從美)'라고 부르는 편이 어울릴 정도로요. 하지만 그때까지 개신교는 한국 시민사회에서 그다지 문제시되지 않았어요. 산업화 과정의 폭력성과 반민주성에 문제제기를 하며 등장한 민주정권들은 그에 대한 시민적 각성에 기반을 두고 있지 않습니까? 그럼에도 1987년 이후 한국사회의 종미주의에 대한 경각심이 한동안 그렇게 크지는 않았어요.

종미주의에 대한 문제제기가 본격화된 것은 2000년대 초 이후였지요. 2002년 미군 장갑차에 의한 중학생 압사 사건이나, 1992년 기지촌 여성인 윤금이 씨를 잔인하게 살해했던 미군 병사 케네스 마클(Kenneth L. Markle) 이병이 2006년 가석방된 일 등을 계기로 대대적인 반미운동이 벌어졌어요. 이때 개신교는 친미 집회를 대대적으로 열어 반미운동에 반대하는 행보를 본격화했는데, 그 친미 담론이 거의 맹목적이어서 종미주의라고 할 수 있을 정도였지요. 이때부터 한국의 시민사회에서 개신교에 대한 부정적 시각이 크게 확산된 것 같아요. 그리고 그 연장선상에서 산업화시대 권위주의 정권의 핵심 부역자이자 과거 청산의 가장 중요한 대상으로 개신교를 지목하게 된 것 아닌가 합니다.

박노자 저는 1990년대에 한국의 보수적 목사들을 만날 기회가 많았어요. 1996년 말 경희대학교의 러시아어 전임강사로 일하기 전, 러시아에서 박사과정을 하며 아르바이트로 여행 가이드를 많이 했어요. 그때 만난 한국 관광객 가운데 상당수가 매우 보수적인 목사였어요. 그분들에게서 현대판 소중화(小中華) 의식 같은 것을 느꼈는데, 무척 흥미로웠습니다. 그들이 지금 언급하신 종미주의자들이죠. 미국을 선이라 여기고 미국에 반대되는 세력을 악이라고 규정하는데, '선'인 미국에 대해서도 쓴소리를 많이 합니다. 미국이 종교적·도덕적으로 쇠락해간다는 것이 그들 이야기의 주된 취지였습니다. '한국인들이 미국인들보다 영성이 강하다, 미국의 영성이 쇠퇴한다, 그래서 우리가 미국에 가서 미국 기독교를 부흥시켜야 한다'라는 사명의식을 가졌던 것 같아요. 17세기 '북벌론'과 은근히 통하기도 해요. 북벌론이 소중화인 조선이 오랑캐에게 항복한 중화를 다시 부흥시킨다는 논리였듯이, 일부 한국 기독교인들도 쇠락하고 자유주의에 빠진 미국 기독교를 부흥시킬 사명을 스스로 짊어지고자 했습니다. 1990년대는 한국으로부터 다수 선교사의 파송이 시작된 시기이기도 하고, 망한 소련에서도 선교사들이 일종의 기독교 문명 전도사처럼 행세하며 소리 높여 미국을 성토했죠. 기독교가 쇠퇴해가고 있으니 우리가 미국에 가서 기독교를 부흥시켜야 한다고요. 정말 북벌론의 그림자가 보여요.

김진호 그때가 김영삼정권과 맞물린 시기입니다. 이른바 '장로 대통령'이 등장하면서 한국 개신교가 엄청나게 고무되었죠. 그 시절 한국 개신교에서 유행한 것이 '북방 선교'였어요. 북한뿐 아니라 사회주의권이 몰락하니 그 나라에 태극기를 꽂아야 한다고, 또 태극기와 함께 십자가를 꽂겠다고 했죠. 많은 목사들이 러시아나 동유럽으로 여행을 갔고, 이전까지 선교사 파송을 거의 하지 않던 교회가 그 무렵부터 선교사를 파송하기 시작했습니다. 아마 박노자 선생님께서 그걸 경험하신 것 같습니다.

박노자 실제로 그분들이 '태극기를 동토에 꽂겠다'고 하는 말씀을 들었어요. 당시만 해도 소련이 망한 뒤라 러시아가 대단히 어려운 시절이었는데, 점심 때 고기를 주겠다며 교인들을 위시한 현지인들에게 식사를 제공하고 나서 선교하는 방식을 취했어요. 저도 배가 고팠으니까 설교 말씀을 몇번 통역하기도 했습니다(웃음). 어떤 설교인지 대체로 기억이 나는데, 상당 부분은 미국사회의 영적인 쇠퇴를 한탄하면서 한국이 선택받은 민족이라고 하는 내용이었죠. 선택받은 한국 민족이 전세계 기독교를 일으켜세워야 한다는 이야기였어요.

김진호 그런 개신교의 팽창주의 담론이 1960년대와 1990년대 사이 개신교의 대성장기에 한국사회에 널리 퍼져나갔어요. 그리고 1990년대에는 근본주의 성향의 개신교 장로인 김영삼(金泳三) 대통령의 집권과 동유럽 공산권의 붕괴, 이 두 사건을 경유하면서 이러한 팽창주의 담론이 한반도를 넘어 전지구적으로 퍼져나갔습니다. 당시 선교사의 수가 급증하고 있었고, 특히 사회주의권으로 수많은 선교사들이 파송되었으니까요.

베이비붐 세대와 강남 대형교회

김진호 여기서 한가지 이야기하고 넘어가야 할 것이 이 시기 베이비붐 세대의 서울 강남 이주입니다. 1970년대부터 강남 이주가 본격화되기는 했는데, 1970년대까지는 여전히 강북 인구가 훨씬 많았습니다. 강남 인구가 크게 증가한 것은 1980년대였고 강남 인구가 절정에 이른 것은 1990년경입니다. 바로 이 1980~90년대에 강남지역에서 대형교회의 탄생이 속출했어요.

1988년부터 노태우정부가 시작한 200만호 건설 프로젝트로 강남뿐 아니라 5개 신도시로 인구 이동이 많아졌는데, 특히 강남과 인접하기 때문에 강남권으로 분류할 수 있는 분당 신도시 인구까지 합하면 강남권의 인구는 강북의 인구를 압도할 정도가 되었어요. 서울시 주택 가격의 추이를 보면 1990년대 초에 급상승했음을 알 수 있습니다. 1990년대에 강남권의 인구 급증과 강남 주택 가격 상승에 따른 전체 자산의 급상승이 있었던 것입니다. 그래서 1990~2000년대에는 강남뿐 아니라 강동과 신도시, 특히 분당지역에 대형교회가 대대적으로 생겨났어요.

중요한 것은 이 시기 강남권에서 혜택을 받은 주요 세대가 바로 전후세대였다는 거예요. 1970년대부터 강남으로 이주한 이들은 상대적으로 젊은 층이었는데, 그중 1990년대에 이주한 이들은 주로 전후세대였습니다. 1955~63년 출생자들, 즉 1차 베이비붐 세대는 이전 세대보다 고학력자 비율이 훨씬 높았어요. 그리고 이들은 생존 욕구가 최우선이던 세대가 아니라 삶의 가치를 추구하기 시작한 세대였죠.

박노자 1980년대 후반부터는 아파트 값이 삶의 가치의 전부입니다. 1990년대는 고성장의 막바지였고, 그 시기에 재산 증식이 이루어졌죠. 그리고 재산이 늘어나는 만큼 신분도 올라가야 하는데 한국사회에서 신분이 자산만으로 자동적으로 올라가지는 않죠. 자산이 뒷받침되어야 하지만 거기에 추가로 필요한 것이 인맥과 학력 아닙니까? 그런 의미에서 소망교회나 충현교회에 다닌다는 것은 하나의 '신분'을 나타냈죠. 당시 장로 대통령이었던 김영삼 씨가 충현교회에 다녔는데, 거기에 다니면서 그러한 '오야붕'들과 어깨를 부딪칠 수 있다는 사실 자체가 이미 신분인 거예요.

요즘 학력 부분은 대학마다 평생교육이니 뭐니 해서 돈 있는 사람들을 위해 학력을 채워줄 수 있는 여러가지 장사를 하죠. 사회 지도인사를 위한 최고경영자 과정이 있고요. 거기서 학력을 만들어주고 교회는 인맥이라는 이름의 신분을 부여하는 역할을 하지 않았을까 싶습니다.

김진호 조금 더 보태자면, 1차 베이비붐 시대에 개신교 교회는 선망하는 공간이었어요. 미군 방송인 AFKN에서 일요일마다 수정교회 로버트 슐러 목사의 예배를 중계해주었는데 그때 기독교인이든 아니든 사람들은 그 성스러운 장면을 '천국은 저렇게 생겼을 거야'라고 생각하며 봤어요. 사람들에게 교회에 대한 환상이 있었고, 또한 당시 교회는 한국의 모더니티를 대변하는 공간처럼 보였죠. 실제로 강남지역에서 교회당을 크고 세련되게 지은 교회들, 즉 전통적으로 지은 교회가 아닌 새로운 양식으로 지은 교회들이 급성장했다고 밝힌 연구도 있습니다.[*] 사람들이 모던한 공간을 소비하는 한 방편으로 교회를 찾아왔다는 것은 건축을 통한 포교 전략이 성공한 것이겠죠. 여기에는 과도한 기부금을 내는 교회 문화와 교회가 탈세에 좋은 공간이라는 측면도 작용했습니다. 이명박 씨가 소망교회를 지어줄 때 자기 돈으로 지어준 것이 아니라 현대건설 돈으로 지어줬거든요. 대한생명도 온누리교회의 양재 교회당을 지어줬고요. 화려하고 멋진 교회 공간을 건설 회사가 무상으로 지어주고, 이렇게 크게 지어진 교회 건물을 사람들이 소비하는 일이 교회 성장에 중요했다는 것이지요.

박노자 건축이라는 게 사람의 의식을 크게 지배하죠. 공간에 대한 느낌을 주고, 도시 공간을 점령하기도 하니까요. 시각적 이미지가 주는 효과는 대단한 것 같습니다.

그리고 한국에서 1950~70년대만 해도 미국은 말 그대로 천국으로 보였죠. 한국을 압도하는 시절이었는데, 지금은 꼭 그렇지도 않습니다. 한국의 생활수준도 올라갔고, 미국의 이미지 추락도 엄청났죠. 트럼프(Donald J. Trump) 같은 사람이 미국의 대통령이 되었다는 게 많은 한국인들에게 충격이었던 것 같습니다. 한국에서야 사기꾼도 대통령이 된다지만 미국마저 이렇다니…(웃음) 그럼에도 한국 국적 포기자들이 가장 많이 취하는 국적은 미국이에요. 미국의 이미지가 추락하고 그 패권적 위치가 조금씩 하락하는 것

● 장형철 「도시 발전과 초대형 교회 건축: 서울을 중심으로」, 『종교와 문화』 26, 2014; 이향순·이광순 「도시 구조의 변동과 대형 교회의 성장」, 『선교와 신학』 10, 2002.

은 사실이지만 임금은 한국보다 거의 두배 높으니까요. 그리고 여전히 한국의 교육제도나 기술 등은 미국을 기준으로 하고요. 금융도 미국에 의존하는 부분이 크죠. 미국에 의해 국방 등이 관리되기도 하고요. 한국 개신교의 미국 커넥션이 매우 중요했으리라 생각합니다.

김진호 한국 개신교에 대한 미국의 영향력은 아마도 한국사회의 다른 어느 분야에서보다 강력할 거예요. 신학대학 교수들 대부분은 미국에서 학위를 받았고, 담임목사도 대형교회일수록 미국 학위를 선호하죠. 또 한국 교회는 미국 교회의 어젠다를 추종하는 경향이 있어요.

대형교회와 베이비붐 세대에 대해 더 말씀드리면, 1990년대 이전까지 강남지역으로 유입된 청년들은 현재 50~60대가 되었습니다. 한국사회의 지배세력이 된 거죠. 1980년대에서 1990년대를 지나 2000년대에 와서 한국사회는 성장세가 꺾이기 시작했고, 그동안의 성장에 대한 청산의 기조가 상당히 강해져 민주화라는 이름으로 새로운 제도가 만들어지고, 그 과정에서 구세대에 대한 사회적 처벌, 교회에 대한 비판이 나타나기도 한 것 같습니다. 그러던 시절에 강남 및 분당 지역의 신자들, 상대적으로 진취적이면서도 보수적인 사람들이 대형교회에 모이게 됐고요.

여기서 1990년대 이후 개신교의 변화를 자세히 살펴볼 필요가 있겠습니다. 1990년대 들어 수많은 교회가 적자 예산으로 힘들어했어요. 그전까지는 교회가 연평균 10퍼센트씩 성장했던 경험이 있어서 개신교는 한국사회만큼이나 성장에 대한 희망으로 부풀어 있었죠. 이러한 기대를 반영해 교회 예산을 책정했지만 적자를 보기 시작한 거예요. 교인들의 출석률도 떨어지고 새 신자의 유입도 줄어들었어요. 교회에 위기가 오기 시작했죠.

한국 개신교는 양적 성장이 아니라 질적 성장을 해야 한다는 이야기가 나오던 무렵, 대형교회 가운데 새로운 기조의 교회들이 등장했습니다. 그 시기 한국 개신교의 새로운 성장 동력으로 주목받던 교회가 사랑의교회와 온누리교회였어요. 이런 교회를 모방하는 교회가 수없이 많았고, 유사한 프로그램이 유행했죠.

그러면서 한국 개신교회에 중요한 변화가 일어났습니다. 그 시기에 새롭게 부상한 교회들의 특징은 새 신자가 유입되어 교회가 커진 것이 아니라 다른 교회에서 이탈한 신자들이 들어와서 교회가 커졌다는 것입니다. 다시 말하면 교회의 성장에 교인들의 '수평이동'이 중요해진 거예요. 기독교에 부푼 꿈을 안고 목사에 대한 '팬심'으로 가득 차 교회로 들어오는 것이 아니라 교회에 실망하고 목사에 실망해서 오는 사람들이었죠. 당시는 한국이 빠르게 정보화사회로 변모하던 시절이니, 교회를 찾는 이들은 목사의 설교도 미리 검토하고 교회의 특성도 열심히 알아본 뒤 찾아왔어요. 자신의 기호에 맞는 목사를 택하는, '소비자 주권'을 가진 신자들이었죠.

이 호락호락하지 않은 신자들을 유입하는 데 성공해 대형교회가 된 교회의 경우, 목사는 과거처럼 권위주의적인 절대 1인으로 군림할 수만은 없어요. 형식적인 권위를 유지하면서 대중과 소통하는 느낌을 줄 수 있는 리더십이 필요했죠. 여기에는 목사의 학력·외모·목소리·패션감각 등 여러 요소가 작용해요. 그리고 교회당의 건축 양식, 교회의 시설, 운영 방식 등도 중요하지요. 즉 리더십이 과거 조용기 시절처럼 하나의 표준형으로 수렴되는 것이 아니라 다양해질 수밖에 없었어요. 저는 이렇게 1990년대 중반 이후 독특한 캐릭터로, 자존성 강한 신자 대중에게 호소력을 갖는 목사들의 교회를 '후발 대형교회'라 불렀습니다.

1990년대 이후, 특히 박노자 선생님께서 한국에서 적극적으로 활동하시던 2000년대 이후 한국 사회와 교회의 이러한 변화에 대해 이야기를 나눴으면 합니다. 산업화시대의 냉혹한 노동 현실에서 안식처로 작동했던 교회가 여전히 그 역할을 수행하고 있는지, 아니면 조금 달라진 측면이 있는지, 그런 것들이 우리 사회에서 어떤 의미를 지니는지, 전세계적으로 이런 역할을 하는 개신교 교단이 있는지 등에 대해서요.

박노자 1990년대 이후 한국은 본격적인 소비사회로 진입했고 특히 중상위층이 '알짜 소비자'로 대두되었습니다. 전체주의 시대의 집단주의가 바뀌기 시작했죠. 지금 중국에서 막 일어나고 있는 개인화·개별화 현상이 한국에서는 1990년대 이후 본격화된 것입니다. 일본은 이미 1960~70년대에 그런 현상이 일어났고요.

그런 상황에서 우선 교회가 지어진 만큼 소비자를 잡아야 했어요. 교회 수가 많아졌거든요. 불교 집단이 어느정도 진영을 갖춰 개신교와 경쟁할 수 있는 힘을 갖춘 것이 1990년대이다 보니 타종교인보다는 비종교인이나 가톨릭 신자를 확보하기 위한 교회끼리의 경쟁이 발생했습니다. 특히 알짜 소비자인 중상위층을 상대로 교회가 열심히 자신을 어필해야 하는 시절이 도래한 것이죠. 방금 말씀하신 '주권의식을 가진 신자들'이란 그런 사람들이죠.

교회는 그들의 수요에 안성맞춤인 새로운 종교 상품을 내놓아야 했는데, 이것은 '웰빙'으로 총칭할 수 있는 라이프스타일 상품인 듯합니다. 대형교회, 즉 '웰빙교회'는 여태까지 획일적이고 천편일률적이던 상품과 다른, 중상류층 소비자 개개인에 맞는 새 상품을 개발해야 했는데, 그러한 새 상품에 포함된 내용이 무척 다종다양했습니다. 청년들의 결혼 알선부터 단기선교라는 이름의 개인적인 해외 체험까지 아우르는 것이었죠. 교회는 이제 피곤한 영혼들의 안식처라기보다는 원자화되어가는 사회에서 그나마 '귀족적인 안일함'이나 '고급 안정성'을 체험할 수 있는 공간이 된 것 아닌가 싶습니다. 요컨대 교양을 갖춘 소비자, 모종의 고급스러운 안정과 각종 영적·교양적·교육적 부분을 체험하고 싶은 소비자를 위해 후발 대형교회들이 서로 경쟁하면서 새 상품을 내놓은 것이라 할 수 있겠습니다.

김진호 제 주장을 언급하시면서 '주권의식을 가진 신자들'이라고 표현하셨는데요, 그런 신자를 저는 '주권교인'이라고 명명해요. 이것은 민주화시대의 '시민'을 염두에 둔 표현이에요. 시민이라는 말에는 '주권'이라는 의미가 들어 있잖아요. 주권 없는 국민에서 주권 있는 시민으로의 이행이 민주화시대의 특징이라면, 개신교에서도 주권교인들이 주도하는 특정한 교회가 등장했다고 봅니다.

결혼과 취업의 인맥공장

김진호 산업화시대의 한국에서 종교가 고단한 노동자들에게 안식처가 되고 희망의 근거를 제공해주었다면, 주권교인과 후발 대형교회가 패러다임을 주도하는 시대에는 처절한 고단함이라든가 노동 배제에 따른 고통을 더욱 극렬하게 겪는 계층과는 구별되는 이들이 주로 신자로 주목받게 되었습니다. 저는 이런 주권교인의 종교성은 좀 다르게 나타나지 않을까 생각합니다. 후기자본주의 시대 혹은 후기산업화 시대의 교회, 즉 주권교인들의 교회가 우리 사회에서 어떻게 기능하고 있는지를 이야기해보았으면 합니다.

박노자 오늘날 한국사회는 대단히 양분되어 있죠. 시민층의 비시민층에 대한 배려가 오히려 1970~80년대보다 못한 것 같습니다. 예를 들어 1970년 전태일(全泰壹) 열사의 분신이 함석헌(咸錫憲) 선생을 비롯한 이들에게 말 그대로 인생의 분기점이 되었는데, 요즘은 노동자들이 분신을 해도 신문에 단신 보도로 나오는 것 이상의 관심을 끌 수 없습니다. 2007년 민주노동당의 허세욱(許世旭) 당원이 분신을 했는데 시민사회가 관심을 갖지 않았어요. 노동자들이 죽어나가는데 시민층에서는 반응이 없었죠. 2009년부터는 쌍용자동차에서 노동자들이 대량 해고되어 해고자 몇명이 스스로

목숨을 끊거나 여러가지 병이 악화되어 사망했지만 시민층의 반응은 미지근했고 노동자만의 문제로 남아 있었죠.

앞서 말씀하신 강남·강동·분당의 경우에는 1990년대 후반 이후, 특히 2000년대 초반 이후 떠오른 새로운 코드, 새로운 국시라 할 만한 것이 반공도 아니고 성장도 아니고 '웰빙'이었죠. 이 말이 영어에서 차용된 단어라는 점도 우연은 아닌 것 같고요. 그만큼 한국의 중상위층이 세계체제 핵심부의 중상위층을 벤치마킹하면서, 그들처럼 귀족적이고 고급스러운 중상위층으로 재탄생하고자 하는 욕망이 사회 전반에 영향을 미치는 것 아닌가 싶습니다.

웰빙 담론은 굉장히 다양한데, 유기농 식품을 섭취하는 것과 정기적으로 해외여행을 다니는 것, 세계적인 고급 소비자로 사는 것까지 포함되죠. 그 가운데 상당 부분은 후발 대형교회가 제공해줄 수 있는 것입니다. 교회는 고독감이나 초조감 등 후기자본주의가 만들어내는 현상을 부드럽고 달콤한 분위기에서 완화해주는 심리상담소의 기능을 수행하고 있죠. 여기에 사회적인 네트워크를 제공하고 자녀까지 돌봐주는 등 다양한 세대를 위한 상품을 내놨습니다. 이러한 '종합적 웰빙'은 예컨대 구미권 중상류층과 비교해본다면 양상이 대단히 다른 것입니다.

김진호 쇠락한 도시 지역을 깨끗하게 만드는 것을 젠트리피케이션(gentrification)이라고 하는데, 이 개념에는 쇠락한 지역의 주민들이 그곳에서 퇴거하고 깨끗한 공간에 어울리는 계층으로 대체되는 것이 포함되지요. 교회에서도 일종의 젠트리피케이션 현상이 일어나고 있어요. 가난에서 벗어나는 것을 최고의 미덕으로 여겼던 이들의 신앙은 다분히 과시적이었어요. 과장되게 자신의 변화를 드러내 보이고 싶어했지요. 그런데 1990년대에 이르러 사람들은 그러한 신앙의 장소를 구태하다고 느꼈어요. 과거에는 목적지 향성이 과하다 보니 도덕적이지 못한 천박한 신앙적 태도가 두드러졌지요. 그러나 이제는 그러한 태도 대신에 일상의 덕성을 강조하고 소비 측면에서도 과시적이지 않게 검약할 것을 요구하는 종교성이 부각되었어요. 이러한 교회의 젠트리피케이션 현상을 저는 '웰빙신앙'이라고 불렀습니다.

같은 시기 한국사회 일반에서 웰빙이라는 새로운 삶의 태도가 나타나기 시작했는데, 이러한 삶의 태도는 진보적 태도와 연결되기도 하고 보수적인 것과 연결되기도 했어요. 교회는 웰빙과 보수주의로 코드화되는 삶의 태도의 중요한 진원지였다는 게 저의 생각입니다. 특히 강남·강동·분당 지역에 새로 부상한 대형교회들에서 웰빙보수주의가 자라났다고 봐요.

제가 1960년대 초에 태어나 1980년대에 20대가 되고 1990년대에 30대가 된 연령층인데, 저를 기준으로 앞뒤 몇년을 포함한 이들이 1차 베이비붐 세대거든요. 고등학교까지의 진학률도 굉장히 높았고 국민교육의 혜택을 많이 받은 세대였죠. 그럼에도 대학생 수는 상대적으로 적어서 대학생이 된다는 게 특권이었죠. 그러한 배경 가운데 지식계층이 등장했고, 그들이 강남으로 이주한 주체였어요. 즉 교육 수준도 높고 초과 이윤도 많아 빠르게 자산 상태가 좋아진 계층이 집중적으로 교회에 몰려들면서 이 지역에 새로운 교회를 만들어냈다고 봅니다.

이들은 선배 세대나 아버지 세대에 급성장한 교회와는 다른 모습의 교회, 젠트리피케이션된 교회를 찾고 싶어했고, 일부 목사들이 그런 기호에 맞추어 목회 전략을 취해 성공했다는 시나리오를 생각해볼 수 있습니다.

박노자 이명박 씨가 대통령직을 맡았을 때 소망교회인들이 도마 위에 올랐습니다. 정부 인사 대부분이 '고소영', 즉 고려대·소망교회·영남 출신 등 학연 및 지연 위주로 발탁되었죠. '교맥', 즉 교회 인맥은 이때부터 중요해졌습니다.

한국사회는 저신뢰 연줄형 사회죠. 사회적 신뢰가 낮아 다른 사람을 일단 사기꾼으로 간주해두고, 사기꾼이 아니라는 것을 그 사람이 입증해야 한다는 인식이 일반적입니다. 고속성장을 겪은 사회가 대부분 그런 것 같습니다. 저신뢰 사회인데 네트워크 없이는 생존이 불가능하고요. 그래서 저신뢰 연줄형 사회라고 부를 수 있습니다. 연줄이라는 게 혈연·지연·학연인데, 요즘은 거기에 '교맥'이 매우 강력하게 작용하고 있습니다. 기독교인에게는 학연만큼 '교연'이 중요성을 지닌 것 아닌가 합니다. 교회는 네트워크 자본, 연줄 자본이라는 사회적 자본을 축적하고 재생산할 수 있는 장소가 됐죠.

다만 이러한 자본이 축적되려면 일단 '원시 자본', 즉 활동을 시작할 때 사용할 자본이 있어야 합니다. 강남에 거주하지도 못하고 가진 게 없는 사람이 소망교회나 충현교회의 핵심적인 신자가 되기는 어려울 것입니다. 밑천, 즉 원래 갖고 있는 사회적 자본을 교맥을 쌓아가면서 개선할 수 있는데 자본이 없는 사람에게는 해당되지 않는 이야기입니다. 있는 사람들만 여기서 사회적 자본을 계속 축적해나갈 수 있으니, 역시 부익부 빈익빈이 되죠. 이미 사회적 자본이 있고 그보다 먼저는 경제적 자본이 있는 사람이어야 교맥을 통해서 자본가에 보다 가까워질 수 있어요.

김진호 이렇게 교맥이 쌓이는 배경에는 신자들이 자주 모인다는 점이 크게 작용하는 것 같습니다. 개신교 교회는 가톨릭이나 불교와 달리 모임도 굉장히 많잖아요. 적어도 일주일에 한번 꼬박꼬박 교회에 모이는 것이 상식인 나라는 아마 한국밖에 없을 거예요. 유럽에서는 어떤가요?

박노자 노르웨이의 교회 출석률은 평상시 4퍼센트 정도입니다. 교회 구성원으로 등록되어 있는 사람 가운데 4퍼센트만 참석하는 거예요. 그러니까 교회당이 비어 있죠. 주일이라고 해도 거기서 연주회도 하고 이민자를 위한 노르웨이어 강좌도 하고 개도국을 돕기 위한 프로그램도 운영합니다. 여기서는 교회에 다닌다는 것이 굉장히 비범한 일이에요. 이미 종교는 완벽히 개인화되어 있습니다. 종교란 특정 요일, 특정 공간과는 무관하다고 생각하죠. 예를 들어 마음이 불안하고 불편할 때 인도 음악을 틀어놓고 요가를 하고, 달라이 라마 책을 읽는 정도가 종교 활동이에요. 각자 자기에게 맞추는 것이죠.

김진호 그런데 한국에서는 최소한 일주일에 한번 정도는 예배에 참석하고, 예배에 참석하는 횟수가 일주일에 예닐곱번쯤 되는 사람도 있죠. 주일예배, 수요예배, 금요철야예배, 매일 하는 새벽예배, 그밖에도 구역 모임, 연령별 모임, 직업별 모임 등 특성화된 프로그램에 따라 모임이 이루어지고요. 심지어 그것도 부족한 사람은 교회 혹은 교회 밖에서 여는 신학강좌나 성서강좌에 참여하죠. 굉장히 많은 집회에 참여하면서 '미팅'을 하는 거예요.

그런데 그 미팅은 대개 끼리끼리 이루어져요. 특정 지역에 속한 사람들, 자산 상태도 양호하고 교육 수준과 사회적 지위가 상대적으로 높은 사람들은 교회에서도 그들끼리 사적 모임을 만들죠. 문화도 비슷하고 교류할 때 비용 분담도 용이하고, 이질적인 사람 때문에 신경 쓸 일도 없고요. 이렇게 계층화 현상이 가장 잘 드러나는 공간이 교회가 되어버렸고, 이것이 한국 개신교의 중요한 특징인 듯합니다.

박노자 노르웨이와 한국의 차이 중 하나는, 노르웨이가 고신뢰 사회이고 대단히 개별화된 사회라는 점입니다. 연줄이 플러스 요인이 될 수 있지만 핵심적이지는 않습니다. 공적 시스템이 어느정도 돌아가기 때문입니다.

물론 노르웨이에도 중상류층이나 상류층은 나름대로 결집의 기제가 있습니다. 어느 나라에나 있을 거예요. 여기서 결집은 한국과 마찬가지로 지리적으로 이루어집니다. 강남·강동·분당 같은 부촌이 형성되어 있어요. 한국보다 오히려 더 철저할지 모릅니다. 한국

도심의 기본적인 주거 형태는 아파트이지만, 노르웨이는 인구의 20퍼센트만 아파트에 살고 나머지는 통나무로 만든 개인주택에 삽니다. 노르웨이의 부촌을 보면 주로 2~3층짜리 통나무집이에요. 거기에는 아파트가 아예 없습니다. 아파트는 노르웨이에서 비교적 가난한 사람들만 살게 되어 있어요. 이 부촌에서는 대개 300평방미터 정도 되는 주택을 한 가족이 씁니다. 엄청난 공간이죠. 한국의 경우보다 면적이 훨씬 넓습니다. 일단 층수가 높으니까요.

그 지역에는 가난한 사람이 들어갈 수 있는 주택이 없어요. 그리고 교회가 별로 없습니다. 옛날부터 존재해온 교회가 있을 수는 있는데 사람들이 거의 모이지 않아요. 노년층이 가끔 출석을 하지만 거기서는 주로 연주회 같은 것을 하고, 사람들이 결집하는 곳은 많은 경우 요가센터나 지자체에서 운영하는 지역 문화센터, 청소년 스포츠센터, 아니면 헬스클럽입니다. 노르웨이에서는 헬스를 많이 합니다. 부촌에는 헬스클럽이 모여 있어요.

여기서 부유층 내지는 중상위층의 중요한 표시는 부촌이라는 주소와 '몸'입니다. 한국처럼 명품 옷을 입는 것이 아니라 몸 자체가 달라요. 명품 사냥을 하는 사람도 있지만 주로 청년들이고, 장년층은 명품을 그렇게까지 취급하지는 않습니다. 부의 표시라 하면 최고가 외모와 체형이죠. 노르웨이 중상류층은 근육질이 많은, 스포츠 훈련을 하는, 정기적으로 헬스를 하는 몸을 가졌습니다. 저 같은 풍만한 신체를 가진 사람은 대표적으로 동유럽 이민노동자입니다. 가장 힘든 일을 하는 동유럽 이민노동자들이 역설적으로 비교적 뚱뚱하고 훈련되지 않은 몸을 가졌죠. 그래서 헬스클럽에서 중상위층은 중상위층다운 체력과 몸을 만들고, 성별에 따라 공간을 따로 쓰지 않기 때문에 이곳에서 자연스럽게 결혼시장도 형성됩니다. 한국에서 교회가 맡은 일부 역할, 즉 인맥 형성과 남녀의 만남 알선을 헬스클럽 같은 부촌 내의 장소가 맡고 있는 거예요.

김진호 한국의 헬스클럽도 그런 양상이 나타나지만, 역시 교회의 역할을 더 적극적으로 평가할 수 있다고 생각합니다. 일단 대규모의 사람들이 교류하고 있다는 점에서요. 연령대도 직업도 학교도 뒤섞여 있죠. 그런 면에서 교회는 다양한 인맥 만들기가 가능한 곳입니다. 무엇보다 중요한 것은 모임 횟수가 많다는 점, 그 모임이 장기간 지속된다는 점입니다. 교회는 10~20년씩, 심지어 엄마 뱃속에 있을 때부터 장기간의 교류가 가능한 공간이죠. 연줄을 만드는 데에 교회만큼 유효한 공간은 현재로서 없는 것 같습니다.

박노자 노르웨이의 경우 일단 부촌 내 학교의 학부모 모임이 있습니다. 여름휴가가 한달이고 평균 노동시간이 주당 36시간인, 비교적 시간적 여유가 많은 나라이니, 이런 곳에서는 대체로 학부모들이 자주 모입니다. 아이를 핑계로 자주 만나고요. 부촌에는 스포츠클럽, 특히 청소년을 위한 스포츠클럽이 많은데 중상류층 내지 상류층 성인은 거기에서 봉사를 하는 게 아주 중요한 역할 가운데 하나입니다. 그런 봉사를 통해 네트워크가 만들어집니다. 노르웨이는 개인의 공간, 개인의 체력 증진, 아동 교육 및 육아 생활을 중심으로 인맥이 형성되는데 한국에서는 교회가 이 모든 부분을 포괄하죠.

김진호 한국도 학부모 모임이 굉장히 중요한 비중을 차지하고, 헬스클럽의 모임도 있지만 교회만큼 규모와 지속성이 크지는 않은 듯합니다. 선생님께서 잘 아시겠지만, 조선시대에는 서당을 중심으로 연줄망이 만들어지지 않습니까? 누구의 문하인지가 혈연과도 연결되고, 지연과도 연결되어 있고요.

박노자 서당과 향교, 서원이죠. 서원이 아주 중요했습니다. 조선시대에는 향안(鄕案, 지역 품관, 즉 품계를 가진 사대부들의 명단)에 그 지역의 양반들이 등록되어 있었습니다.

김진호 지금은 인구가 서울에 너무 집중되어 있어 과거처럼 지연이 힘을 발휘하지 못하니까 국내 학연도 위상이 낮아진 듯합니다. 과거 고등학교 입시제도가 있을 때 대학도 중요했지만 고등학교 학벌이 굉장히 컸잖아요. 그런데 요즘은 초등학교부터 외국에서 학교를 나온 학생이 많고 귀족형 사립학교 학맥도 점차 중요해지고 있죠. 대학은 현재 한국사회 학맥의 가장 깊은 뿌리지만, 최근에는 미국 사립대 학연이 점차 강력해지는 것 같아요. 즉 학연도 점차 분산되는 측면이 있습니다. 반면 교회의 위상은 제 생각에는 더욱 강화된 것 같아요.

박노자 그렇죠. 지금은 가족제도가 후퇴하니까 혈연도 후퇴하고, 지연이라 해봐야 인구의 절반이 수도권에서 사니 조금씩 의미를 잃어가고 있죠. 그래도 학연은 상대적으로 강한 힘을 발휘하는 것 같습니다. 아직까지 한국은 SKY(서울대·고려대·연세대) 사회죠. 다양한 지배집단의 면면을 보면 SKY 졸업생들이 장악하고 있음을 알 수 있습니다. 그런데 SKY 출신 집단과 귀족적 교회의 출석자 집단은 상당 부분 겹칩니다.

한국은 '68혁명'을 좀 다르게 겪은 사회죠. 1968년에는 반독재 민주화투쟁이 진행됐지만 문화적 격동이 일어났다고 보기는 어렵습니다. 근래에 「1987」(2017)이라는 영화도 나왔지만 1987~88년까지는 유사 파쇼형 사회를 정상화하자는 것이 주된 기조였죠. 유럽

의 68혁명 같은 문화변동이 일어나지는 않아서 여전히 상하 수직
적인 관계가 당연시되었고요. 교회는 목사와 신도의 관계가 수직
적이고 상당히 권위주의적인데 그게 그저 정상적인 것으로 받아
들여지죠.

노르웨이 중상류층이나 상류층이라면 누군가가 자신에게 도덕
주의적인 설교를 한다거나 지도한다는 것 자체가 불쾌할 겁니다.
모든 사람이 다 동등하며, 수직적 관계는 악이라고 생각하니까요.
목사 대신 아마 심리상담가나 이웃의 정신분석 전문가를 찾아갈
거예요. 누군가와 수직적 관계를 맺는 것을 기피하죠. 그런데 한국
에서는 여전히 이런 것이 정상으로 여겨져요. 물론 웰빙교회를 보
면 목사들이 예전보다 젠틀해졌지만요.

김진호 제가 대학생이던 1980년대 초부터 교회가 결혼시장으로서
굉장히 유망했어요. 어느 교회에 가면 '물이 좋다'는 말이 돌았죠.
소망교회의 경우 아무나 못 가는 교회였고, 그 안에서 또 미묘한
계층적 필터링이 일어나기 때문에 특급 결혼시장이 됐죠. 또 인맥
만들기에서 중요한 무대로 교회가 기능했고요. 어떤 목사의 어떤
설교인지가 아니라, 이제는 교회가 일으키고 있는 사회적 권력이
영적인 종교성과 얼마나 잘 결합된 것인지가 중요해진 듯합니다.

철학자 한병철 교수가 쓴 『피로사회』(문학과지성사 2012)는 이민
자나 난민이나 부가가치가 낮은 노동에 종사하는 노동자나 불안
정 고용 상태에 있는 사람들에게는 잘 맞지 않는 이론을 담고 있
지만, 웰빙형 대형교회 신자들의 현실을 설명하는 데는 꽤 적합한

것 같습니다. 간단히 이야기하면 지금 우리 사회, 1997년과 2008년
의 경제 대란을 겪은 이후의 한국은 신자유주의에 그 어느 나라보
다 난폭하게 포획된 상태가 되었잖아요. 그러한 삶의 공간 속에서
안전한 계층이 없어진 거죠. 중상류층조차 삶의 불안감 때문에 종
교의 위로를 필요로 하게 되었고, 거기에 웰빙교회가 자리를 잡지
않았나 합니다.

웰빙교회가 껴안지 못하는 사람들

김진호 안식처로서 교회의 양상도 달라졌습니다. 과거의 교회는
시골에서 도시로 이주한 밑바닥 계층들의 처절한 삶의 위안의 장
소였다면, 지금의 교회는 안전한 줄 알았던 사람들조차 안전하지
않은 사회에서 그들만의 안식처가 되고 있는 것 아닌가 합니다.

박노자 서구와 한국이 아주 다른 점 중 하나는, 한국은 여전히 자영
업의 사회라는 점입니다. 대기업에 다니던 임원이 50대에 명예퇴
직을 당하면 음식점이라든가 여행사 등을 차려서 자영업으로 전
환하는 것이 현실인 사회인데, 자영업은 불안하죠. 시장이라는 것
은 체질이 불안이니까요. 추이로 보면 한국의 자영업 인구는 감소
하고 있습니다. 전체 취업자 중 자영업자 비율이 2006년과 2016년
사이 27퍼센트에서 23퍼센트로 줄었죠(통계청 자료). 그러나 산업화
된 국가치고는 자영업 인구 비율이 매우 높습니다. 노르웨이는 자

영업 인구가 4퍼센트밖에 되지 않습니다. 교회에 다니는 사람들 가운데 상당수는 사업을 하는 건물주인데 건물 임대료야 어느 정도는 고정된 소득이라 하더라도 사업하면서 벌어들이는 돈은 시장의 상황에 따라 왔다 갔다 하죠.

한편 한국은 부자든 가난한 사람이든 연대보증 제도 때문에 불안해합니다. 한국의 은행들은 연대보증을 요구하고, 보증을 잘못 섰다가 완전히 망가지는 경우도 주위에서 많이 볼 수 있죠. 최근 연대보증 제도가 폐기됐다고 하지만 그 잔재가 변형된 형태로 여전히 존속하고 있지요. 이러한 연대보증 제도는 적어도 서구에서는 본 일이 없습니다. 저신뢰 사회 특유의 독특한 제도 같아요. 자영업자가 많고 연대보증으로 말미암은 불안한 부분이 있고, 부자든 가난한 사람이든 재벌 임원이든 하도급 기업 노동자든 전체적으로 노동시간이 굉장히 길고요. 그 연장선상에서 의무화된 사회교제 시간, 술자리 등이 추가적인 부담으로 들어옵니다. 고부담 사회죠.

김진호 한국사회에서 자영업자가 많을 수밖에 없는 시스템이나, 조기은퇴를 하고 재취업하기 어려운 사정도 매우 중요하지만 그렇게 은퇴하지 않고 자영업에 종사하지 않아도 되는 좋은 직장을 가진 사람조차 '내가 지금 무언가를 하지 않으면 퇴출당할 수도 있다'는 두려움을 가진다는 점도 눈여겨보아야 합니다.

회사에 머물며 노동하는 시간도 길지만, 정보 시스템에서 뒤처지지 않기 위해 퇴근하고 나서 하는 외국어 공부, 컴퓨터 프로그램 공부를 비롯해 접대 마케팅, 인맥 만들기를 위한 각종 사적 활동까지 포함하면 실제 노동시간은 상상할 수 없을 만큼 길죠. 노동의 연장으로서 술을 마시며 몸이 축나기도 하고, 스트레스도 많이 받죠. 그런 것이 피로사회에 나타나는 '번아웃'(burnout)형 질병, 즉 소진성 질병의 배경이 되어서 당뇨라든가 혈관계·순환계 질환, 정신적 질환이 만연하게 됩니다. 그런 질병이 건강 염려증을 낳고, 건강 염려증을 시장화하는 한국의 헬스케어 시스템 속에서 더 많은 병이 발굴되고요. 꼭 치료하지 않아도 되는 병까지 치료하게 되는 시스템이 건강을 위기에 빠지게 하는 거죠. 그런 사회에 한국이 진입해 있는 것 같습니다. 다들 많이 아파서 병원에 가 물어보면 스트레스성이라고 하거나 유전적인 것이라고 할 뿐 대책이 없죠. 즉 벗어날 길이 없는 것입니다. 자본주의가 아무리 발전하고 개인이 아무리 돈이 많아도요.

그런 고민을 가진 특정 부류의 사람들이 교회에 몰려들어 종교를 소비하면 여러 계층에 대한 고민을 하지 않아도 되는 편안함도 있습니다. 이런 것이 웰빙교회의 특성으로 보이는데, 어떻게 생각하십니까?

박노자 구미권에서 가장 피곤한 사회는 미국이죠. 그런데 미국보다도 한국은 일단 술자리라는 형태의 초과노동이 많다는 점을 비롯해 훨씬 더 많은 시간을 직장에 식민화합니다. 개인이 자율적으로 쓸 수 있는 시간이 교회에 다니는 주일 말고는 거의 없습니다. 평상시 직장은 거의 모든 시간을 잡아먹죠. 개인이 직장에 예속되어 있다시피 해요. 직장에 다닌다기보다는 직장이 개인을 '가지고 있는' 형태입니다. 이러한 상황에서 거의 유일하게 다른 것을 체험할 수 있는 시간이 주일이고, 그 시간에는 교회에서 힐링을 받으며 자연스럽게 사회적 네트워크를 형성할 수 있습니다.

김진호 이렇게 해서 선생님의 최초 문제제기와 만나는데요, 교회는 여전히 안식처이지만 이제 특정 교회가 특정 계층의 안식처로 자리 잡았다고도 말할 수 있겠습니다. 그러한 계층화 현상과 맞물린 종교적 위로 체계가 낳을 수 있는 위험은 무엇일까요?

박노자 '끼리끼리' 쌓은 배타성이 위험하죠. 사회학에서 이야기하듯 내부 결합이 강하면 대외적 배타성도 강하다는 규칙이 있지 않습니까? 내부 결합이 강력한 소사회는 대체로 배타적이죠. 그 소사회가 만약 개방적이고 열린 교리체계를 가지고 있다면 얘기가 다르지만, 한국 교회는 성리학 이상으로 배타적입니다. 성리학자들이 애용했던 '이단'이라는 말을 지금 교회가 마구 사용하잖아요. 성리학적 사회에서는 도교와 불교가 이단이었고, 나중에 기독교가 이단이 됐죠. 현재 개신교 집단은 같은 종교시장에서 비슷한 모델로 경쟁하는 신흥세력을 모두 이단이라고 부르죠. 교회와 비슷한 기업 모델을 공유해도 소속이 다르고 토착성이 강하거나 하면 이단이 되는 셈입니다.

이단이 아니더라도 한국 교회는 철저하게 신자와 비신자를 나눕니다. 요즘 그런 말까지는 잘 하지 않지만, 1990년대만 해도 비신자들이 지옥불에서 불탄다는 것을 상당수 기독교 신자들이 그대로 믿었던 것 같습니다. 1990년대에 제가 경희대에서 교편을 잡고 있었을 때, 제 학생들 가운데 열성 신자들이 있었습니다. 저한테 '교회에 다니지 않으면 영원한 멸망을 당할 것'이라고 했어요 (웃음). 그때만 해도 그런 신앙이 강했죠. 배타성의 정도가 높았던 것인데, 보수적 신앙과 결합된 상당한 특권을 가진 소집단이 배타적이기까지 하다면 그 사회에 상당히 부정적인 영향을 줄 수밖에 없죠.

김진호 말씀대로 반동성애라든가 '땅밟기'라는 이름으로 불당에 난입해 훼손하는 일을 한다든가 노골적인 배타주의를 실행에 옮기는 이들도 있지만, 일종의 관용적 태도를 견지하는 기독교인도 많습니다. 최근 들어 대형교회로 성장한 교회에는 수평 이동한 신자들이 많다 보니 여러 교파 출신이 섞여 있죠. 요즘 주목받는 많은 교회들은 교파성이 약화되었어요. 이를테면 담임목사가 특정 교단에 속해 있는 교회임에도 자기 교단의 신학교 출신이 아닌 부목사들을 채용한다든가, 심지어 어느 교회는 대형교회인데 교파로부터 탈퇴해서 '무(無)교파'를 표방하기도 합니다. 교파에 속해 있다는 것이 대형교회 사이에서는 촌스러운 행동이 된 것이죠.

또 사랑의교회 등의 건축에서 드러나는 특징이 있습니다. 오래된 유럽 교회가 그렇듯이 한국 교회도 높은 담벼락으로 둘러싸여 있는 경우가 많았는데, 지금은 담벼락이 없는 교회가 많아졌어요. 사랑의교회는 아예 교회당 안에 외부인도 통과할 수 있는 길이 있

어요. 교회당을 짓기 전 사람들이 그 부지를 가로질러 걸어다녔던 길을 교회당을 지을 때 남겨둔 것이죠. 만약 그 길을 폐쇄했다면 사람들은 멀리 돌아가야 했을 것이고 민원이 빗발쳤겠죠. 그래서 교회 마당 한가운데를 가로지르는 길이 보존된 거예요. 이런 식으로 사회가 발전해가면서 교회당의 경계가 낮아지고 있어요. 여기에 다른 교단에 대해 더 관용적이고, 다른 종교를 공격하는 데 대해 촌스럽다고 보는 태도를 가진 사람들이 많아졌죠.

하지만 그럼에도 교회 공동체의 배타성은 오히려 더 강화된 측면이 있어요. 저는 그들끼리 나누는 문화에 이미 함축되어 있는 배타성을 우려합니다. 그 배타성은 전형적인 '부드러운 야만'이라고 할 수 있어요. 외부에서도 노골적인 배타성으로 보이지 않고 집단 구성원들도 스스로 배타적이라 생각하지 않지만 사실상 배타성이 작동하는 문화가 있죠. 그 구성원들은 모임에 소속되는 과정에서 여러가지 편견을 은연중 갖게 돼요.

'부드러운 야만'이란 누군가를 우리의 기억에서 삭제해가는 일을 가리킵니다. 생각을 하면 호혜를 베풀 수 있지만, 의도적으로 생각하지 않는 것을 연습하죠. 그렇게 기억에서 삭제된 이들에 대한 몰이해가 발생하고, 이는 배타적인 태도로 이어집니다. 은폐된 야만, 부드러운 야만으로서 교회 현상을 어떻게 보시는지요?

박노자 그런 측면이 아주 강하죠. 한국의 종교시장에서 개신교가 엄청난 힘을 가진 이유 중 하나는 교육 인프라를 상당 부분 독점했기 때문입니다. 한국은 초·중·고등학교 가운데에서도 미션스쿨

계열이 많고, 대학은 70퍼센트 이상이 사립대학인데 그중 가장 많은 것이 기독교계입니다. 그런 곳에 교직원으로 채용되려면 세례 증명서, 담임목사 추천서까지 필요합니다. 기독교에 대해 가르칠 사람이 아닌 일반 과목을 가르칠 사람이나 일반 직원을 뽑을 때도요. 학생들에게는 채플 수업을 강요하고요. 신학교가 아닌 이상 이런 것은 일반 교육 부문인데 일반인에게 특정 종교의 소속을 요구하는 것은 위헌입니다. 양심의 자유를 침해하는 요소죠.

위헌이고 불법이지만 그에 대해 교회 안에서는 비판의 목소리가 거의 들리지 않습니다. '우리 교인이 우선적으로 우리 교회 계열의 학교에 들어가야 한다'는 사고가 강한 것이죠. 한국처럼 취직이 어렵고 엄청난 규모의 노동예비군이 형성되어 있어 경쟁이 치열한 사회에서는 누군가에게 배타적 우선순위를 둔다는 것 자체가 이미 부드러운 야만도 아니고 '부드럽지 않은 야만'입니다. 없어져가는 직장을 두고 다들 경쟁하는 판에 교인이 된다는 것은 상당한 이점으로 작용하고 있습니다. 그것은 지위를 박탈당하는 사람의 입장에서 보면 부드럽지도 않은 야만이죠.

한국 교회들을 실제로 접하지는 못하고 주로 인터넷으로 접하는데, 이른바 웰빙교회가 좀 나은지는 몰라도 보수적 교회의 설교 등을 보면 북한에 대한 태도가 무척 야만적입니다. 어떤 때는 거의 인종주의에 가까운 태도를 보이고요. 북한을 본질상 악한 집단으로 규정하고, 북한에서 누군가가 남하하면 귀순자로서 받아들이더라도 그 집단 자체에 대해서는 증오에 가까운 감정을 갖습니다. 그리고 동성애자나 무슬림에 대한 강한 증오가 표현되는 것을 보고 놀랐습니다. 서구 교회들이 아무리 보수적이라 해도 혐오발언(hate speech)과는 선을 긋죠. 독일의 경우 보수적인 기독교민주당(CDU)이 이민자들을 받아들여야 한다고 선도하고, 노르웨이에서도 이민정책이 가장 괜찮은 정당은 기독교민주당(KrF)입니다. 오히려 기독교인일수록 반이슬람 정서와 싸워야 한다는 의식이 강하죠. 한국과 상당히 다릅니다. 한국에서는 배타적 의식이 교회 집단을 결집시키는 중요한 부분이 되는 것 같아 저는 이 부분이 대단히 걱정스럽습니다.

영혼의 시장화를 넘어

김진호 잘 포착되지 않아서 사람들이 잘 모르는 부분이 한가지 있습니다. 동성애에 대한 개신교인들의 태도를 보면, 동성애를 관용의 대상으로 보는 사람들이 증오의 대상으로 보는 사람들보다 실제로는 더 많다는 것입니다. 그러나 관용하는 그 태도조차 배타성을 내재하고 있는 것으로 보여요.

박노자 비정상이지만 참아주겠다는 거죠.

김진호 그런 배타성을 넘어설 수 있는 신앙과 교회의 가능성에 대해 어떻게 생각하십니까?

박노자 제가 한국의 종교인 가운데 대단히 존경하는 몇분이 계시지만 특히 안병무(安炳茂) 선생, 그리고 함석헌과 변선환(邊鮮煥) 선생을 대단히 좋아합니다. 함석헌이나 변선환 선생은 기독교·불교 등 여러 종교들 사이에서 공통적인 부분을 찾으려 했고 종교 집단의 경계를 넘어 보편적인 영성을 탐색한 분들인데, 제가 보기에는 이 후기자본주의 시대에 진보적인 역할을 하려면 탈경계에 중점을 두는 게 맞는 것 같습니다. 그리고 자본주의의 많은 피해자를 포함한 다양한 사람들에게 다가갈 수 있는, 더이상 기독교 등 이름이 붙지 않은 어떤 일반화된 의미의 영성을 찾아야 하는 것 아닌가 싶기도 합니다. 여러 종교들의 메시지를 보면 겹치는 부분이 상당히 많죠. 이런 생각이 가끔 듭니다. 이중 국적도 갖는 시대에 복수 종교를 가질 수는 없나 하고요. 저에게 기독교 메시지 가운데 어느 부분이 와닿지만 동시에 불교의 어느 메시지도 호소력이 강합니다. 이 같은 탈경계화와 보편성의 탐색이 종교의 바람직한 미래가 아닐까 생각합니다.

김진호 최근 유럽의 좌파 지식인들, 이를테면 지젝(Slavoj Žižek), 바디우(Alain Badiou) 등 기독교에 관심이 없을 법한 이들이 기독교를 다시 호출하고 있잖아요. 그런 현상을 진보적 신앙의 가능성이라는 관점에서 읽어낼 수는 없을까요?

박노자 기독교를 상당히 고평가할 수 있는 부분은, 예수나 바울이 그랬듯 초기 기독교 운동이 뚜렷한 민중성을 갖고 있었고 민중해방 활동에 적극적이었다는 데 있지요. 오늘날 유럽의 좌파 사상가들 모두 기독교의 원류가 이러하다는 점에 주목하고 있어요.

후기자본주의의 아주 강력한 정서적 부분 가운데 하나는, 무엇이든 다 시장화된다는 것입니다. 영혼도 시장화되고요. 인간이라면 자기 노동시간뿐 아니라 심리 상태까지 팔아야 하는 것이 후기자본주의예요. 예를 들어 노르웨이에서는 좋은 회사에 입사하자면 자신의 심성부터 회사가 좋아할 만하게 홍보해야 합니다. 나는 외향적이고 다른 사람들과 잘 어울리며 누구와도 갈등을 일으키지 않을 사람이라는 점을 입증하지 못하면 많은 회사로부터 퇴짜를 맞을 수 있죠. 후기자본주의 사회에서는 개성도 팔아야 하고, 인간 전체가 시장화됩니다. 인간으로서 각자가 하나의 자그마한 주식회사가 되는 것입니다.

그런 시대에는 비시장적이고 비세속적인 무언가를 구축할 수 있다는 것 자체가 중요할 수 있어요. 이처럼 전반적인 인간의 시장화와 맞설 때 적어도 일부는 기독교 전통을 호명할 필요가 있는 것 같습니다. 기독교뿐 아니라 다른 종교도 마찬가지고요. 저는 그런 요소가 불교나 이슬람에도 있다고 생각합니다.

김진호 유럽의 좌파 지식인들이 초기 기독교와 바울을 다시 탐색하는 일의 출발점에는 오늘날 기독교가 가장 배타적인 종교라는 문제의식, 그런데 그 종교가 가장 막강한 권력을 장악하고 있을 뿐 아니라 유럽과 북미의 정신적 기저가 되고 있다는 문제의식이 있는 것 같습니다. 그런데 이 종교의 뿌리는 배타적이지 않을 뿐 아니라 민중해방적이기까지 했다는 것을 얘기함으로써, 기독교를 반자본주의적 동맹의 일원으로 끌어들이고 싶은 의도가 그들의 호출 속에 포함되어 있지 않을까 합니다.

고대사학자인 모지스 핀리(Moses Finley)가 이야기하듯 고대사회의 지중해에서도 지금만큼은 아니지만 일정한 형태의 세계화(globalization)된 자본주의가 확산되었다고 할 수 있는데요, 그 과정에서 유민과 난민이 수없이 발생했지요. 이때 성적·계급적·신분적·종족적 갈등이 가장 현저했던 곳이 바로 바울이 활동한 도시들이었어요. 특히 고린도(Korinthos)나 데살로니가(Thessalenica) 같은 도시는 고대 지중해 메트로폴리탄의 하나였습니다. 오늘날 자본주의의 세계화는 그 범위나 정도가 과거와 비교할 수 없을 정도로 넓고 깊죠. 그 과정에서 길을 잃고 낙담한 많은 진보적 지식인들은 고대 로마시대 세계화의 풍랑 속에서 성적·계급적·신분적·종족적 배타성을 넘기 위해 활동한 바울을 주목하며, 바울의 종교성에 내포된 역동성을 읽어보려 하고 있습니다.

박노자 기독교의 메시지 가운데 바울 사도가 이야기한 것, 즉 희랍인도 유대인도 없고 "여러분 모두가 그리스도 예수 안에서 하나"(「갈라디아서」 3장 28절)라고 한 말이 저에게 상당히 와닿습니다. 정말 기독교가 무언가 쓸 만한 사회적 역할을 하자면 '기독교인도 유럽인도 아랍인도 이슬람인도 없다'고 해야 하지 않을까 합니다. 말 그대로 우리는 보편적인 인격의 소유자이고 모든 인간이 같은 가치를 가지고 있다고 하는 것이 가장 강력한 메시지가 될 수 있을 듯합니다.

지금 같으면 유럽으로 넘어가려는 사람들이 바로 말씀하신 지중해에서 매년 수천명씩 수장당합니다. 아시겠지만 유럽은 하나의 배타적인 성채처럼 이민정책을 매우 엄격하게 통제하고 그 성채로 들어가려는 수많은 사람들은 바닷속에서 그냥 죽습니다. 그렇게 매년 유럽인들의 배타성에 의해 희생되는 사람들이 수천명에서 수만명인데, 이러한 상황에서는 유럽인으로 산다는 것 자체가 대량학살의 공동정범이 되는 일이나 마찬가지죠. 기독교의 메시지를 통해 이 같은 살인적인 상황을 개선해나갈 수 있다면 엄청난 소득일 것입니다.

노르웨이는 이민정책이 대단히 엄격합니다. 아프가니스탄에서 탈출해 노르웨이에 들어온 사람마저 피난민 신분으로 인정하길 거부하고 본국으로 강제송환시킵니다. 가끔씩 강제송환을 앞둔 아프가니스탄 피난민들이 교회에서 농성을 하며 가지 않겠다고 하는 경우가 있습니다. 교회 안으로는 경찰이 들어오지 못하니까요. 목사들이 그들을 도와주고 국가 앞에서 그들의 입장을 변호하며 보호해주는데, 그것이야말로 기독교의 올바른 역할이 아닌가 싶습니다. 아감벤(Giorgio Agamben)이 이야기한 호모 사케르(*homo sacer*), 사회의 희생물이 되어야 할 외부자에게 무조건 자비를 베푸는 것 말이에요. 하지만 한국에서는 이 문제에 대해 그다지 관심이 없는 것 같습니다.

김진호 앞서 언급하신 변선환 선생의 가장 중요한 신학적 모토가

'타종교의 신학'이거든요. 자신의 종교를 자신의 언어로 말하는 것이 아니라 타종교의 언어로 말하는 일의 필요성을 제기한 것이지요. 안병무 선생이나 서남동(徐南同) 목사는 '민중의 눈으로 성서를 본다'는 것을 민중신학의 모토로 내걸었어요. 그런 점에서 그들의 신학은 '타자의 신학'이라고 할 수 있을 거예요. 타자성이 교회의 신학을 구성하는 내적 논리로 작용하고 그리스도인 개개인의 윤리를 형성하는 원리가 되어야 한다는 주장입니다.

반면 현실의 교회는 권력의 이름으로 내적 논리가 형성되었고 그리스도인 개개인은 권력을 향한 지향성 속에 살고 있죠. 그런 점에서 타종교의 신학이나 타자성의 신학은 권력의 종교가 되어버린 기독교를 향한 핵심적인 문제 설정이라고 할 수 있을 것 같습니다. 오늘 박노자 선생님의 말씀도 이런 이야기로 모아질 수 있다고 봅니다. 긴 시간 이야기 나눠주셔서 감사합니다.

박노자 흥미로운 이야기를 많이 나눴고 많이 배울 수 있는 시간이었습니다. 감사합니다.

3장

예수천국 불신지옥
─ 반지성주의의 근원을 묻다

대담/
한홍구
韓共九

성공회대학교 교양학부 교수. 서울대학교 국사학과 대학원을 졸업하고 미국 워싱턴 대학교에서 박사학위를 받았다. '반헌법행위자열전'(가) 편찬위원회 책임편집인으로 활동하고 있다. 지은 책으로『광장, 민주주의를 외치다』『유신』『사법부』『역사와 책임』『지금 이 순간의 역사』『대한민국사』(전4권)등이 있다.

광기, 한국사회에 출현하다

김진호 국가폭력을 화두로 활발한 연구활동을 하고 계십니다. 특히 '반헌법행위자열전'(가) 편찬사업*은 한국현대사의 학살·고문·간첩조작·언론탄압 등에 가담하거나 묵인한 이들을 '공소시효 없는 역사재판'에 올린다는 취지로 알고 있습니다.

한홍구 대한민국에서 헌법을 파괴한 사람들에 관해 기록하는 작업입니다. 1998년 민주정부가 들어선 뒤부터 '독재인명사전'을 만들

---

* 2015년 제헌절에 한홍구(책임편집), 이만열, 조국, 김두식, 박노자, 최강욱 등 사회 각계 인사 33인이 제안해, 국가폭력 가해자 400여명을 각계 지식인들이 정리하는 작업이 진행 중이다.

자, '반민주행위자 인명사전'을 만들자 하는 이야기가 많았는데 진척이 안 되고 있었어요. 그러다 박근혜정부 들어서서 세상 돌아가는 꼴을 보니 도저히 안 되겠다 싶어 시작했어요. 무기징역쯤은 받아야 할 사람들이 왜 저렇게 오만방자해졌을지 돌이켜보니, 역사를 두려워하지 않기 때문인 것 같더라고요. 역사에 그 이름들이라도 남겨야겠다 생각했죠.

김진호 이승만부터 시작해서 당연히 개신교 신자들이 많겠네요.

한홍구 그렇습니다. 종교와 무관하게 대한민국의 공직자 가운데서 골랐는데, 그중 유명한 개신교인들이 많습니다. 국가폭력 중 가장 심각했던 민간인 학살의 주도층이 전부 개신교도예요.

그 부분에 대해서는 진실과화해위원회 조사관을 했던 최태육 목사가 논문을 썼어요.● 잘 알려지지는 않았지만 대한민국이라는 국가가 형성될 때 국가권력 내부에 기독교 세력이 강하게 들어왔어요. 거의 기독교 국가라고 할 정도였죠. 정권을 유지해나가는 과정에서도 마찬가지였습니다. 한국사회의 보수화와 지금 지형을 설명하는 데에 개신교를 빼놓고는 이야기할 수 없겠다 싶습니다.

김진호 한국사회를 형성하고 권력을 만들어내는 데에 개신교가 어

● 최태육 「6·25전쟁 개전 초기(1950.6~9) 민간인 집단희생과 한국 기독교의 관계」, 『한국기독교와 역사』 44, 2016.

떻게 관계해왔는지, 그중에서도 '광기' 혹은 반지성주의의 측면에서 개신교가 어떤 역할을 했는지 이야기해보려 합니다. 반지성주의에 대해 고찰하는 것은 근대 이후 오늘날까지 종교뿐 아니라 사회의 흐름을 읽는 데서도 굉장히 중요하죠.

제가 1981년 대학에 입학했는데, 그 시대 청년들은 미래에 대한 믿음이 강했고 세계의 변화에 대응하려는 프로그램도 가지고 있었어요. 그것은 지성주의적 프로젝트라고 볼 수 있었죠. 그런데 그런 것이 무너진 공간에서 자라는, 혹은 그런 것을 갖지 못한 사람들, 미래에 대한 기획을 할 수 없는 사람들 사이에서 퍼져나가는 현상들 가운데 반지성주의가 관찰됩니다. 요즈음 극우주의가 전 세계적으로 발흥하고 있고, 극우주의 현상 속에는 반지성주의가 한 세트처럼 묶여 있습니다. 우리나라도 박근혜정권이 탄생할 때 그런 현상이 굉장히 강했죠.

한홍구 먼저 광기가 본격적으로 발현되기 이전의 상황을 짚어봐야 할 것 같습니다. 서구의 경우 중세에서 근대로 넘어오는 과정에서 마녀사냥이라는 형태로 광기가 발현되었죠. 반면 비슷한 시기 조선에는 마녀사냥이 없었어요. 유교는 굉장히 합리적인 철학입니다. 『논어』에 '공자는 괴력난신(怪力亂神)을 말하지 않았다'라는 구절이 나오는데, 유교에서는 기본적으로 마녀 따위의 존재를 믿지 않고 내세를 말하지 않죠. 합리주의가 서양에서는 근대성의 상징이지만 동양에서는 꼭 그렇지도 않아요. 합리성이 곧 근대적인 것은 아니죠. 전근대에서도 얼마든지 합리적일 수 있었어요.

광기는 인간 본성 안에서 반지성이나 공포 등이 발현하게 될 때 나타나는 것 같습니다. 우리의 경우 사회적으로 1,000년쯤 억눌려 있던 광기가 전쟁, 식민주의, 분단 등과 겹쳐 한꺼번에 몰아닥치지 않았나 해요. 반공을 앞세운 어마어마한 국가폭력이 나타나고, 빨갱이 사냥 같은 일이 실제로 벌어졌죠. 그러한 과정에서 개신교도들이 중요한 행위자로서 작용했고요.

조선은 종교가 없는 나라?

김진호 천주교는 근대가 태동하던 조선 후기에 유입되어 들어왔고, 한국사회 내 일부 엘리트 계층 가운데서 부상했지만 대중 종교로서의 성격은 강하지 않았죠.

한홍구 하지만 천주교도 나중에 가서는 상당히 대중적인 신자들을 확보했어요. 병인박해(丙寅迫害) 때 8,000명이 처형당했는데 그 수가 엘리트만 가지고 되겠습니까? 조선은 전근대에서 근대로 넘어오는 과정에서 전세계에서 유례없는 종교적 폭발을 경험했어요. 그러한 폭발을 좋게 이야기하면 '영성'이나 '감동'이라 할 수 있을 것이고, 나쁘게 이야기하면 '반지성'이라 할 수 있을 거예요. 19세기에 왕조가 쇠퇴기에 접어들어면서 이성이나 지성이 감당할 수 없는 사회적·영적 문제가 너무 많이 터지니까, 꼭 반지성이라기보다는 종교에 귀의하거나 의지하는 성향이 대중 사이에서 강력히 형성됐고, 그 가운데 개신교가 등장한 것입니다. 개신교는 후발 주자였던 셈이죠.

김진호 비슷한 생각이지만 약간 달리 볼 측면도 있습니다. 서구에서는 한 사람이 한 종교에 속해 있다는 점이 굉장히 중요했는데, 아시아 특히 한국의 경우 멀티빌리버스(multi believers)였죠. 이 용어는 제가 만든 것으로, 이를테면 누군가 스스로 불교 신자라 이야기할 때에도 그 안에는 다중 종교성이 포함되어 있다는 의미예요. 그것이 가장 강하게 드러나는 범주는 무속과 연결된 대중신비주의 신앙이에요. 개신교 신자들도 마찬가지고요.

사실 한국 개신교는 다른 종교성을 거부하는 근본주의가 강한데도 신자들 대부분이 여러 종교성을 별 의식 없이 드러내죠. 이사 갈 때 '손 없는 날'을 택하거나 '오늘의 운세'를 유념하기도 하고, 역술인에게 사주를 보러 가거나 타로카드로 점을 치기도 해요. 이런 일상적 행위들과 기독교 신앙이 동거하고 있는 거예요.

한홍구 제사는 유교로 모시고, 기도는 절에 가서 하고, 그러면서 고사도 지내죠. 이게 전혀 모순되지 않는 거예요. 루이즈 밀른(Louise J. Miln)이라는 영국 여성 배우가 조선에 와서 관찰한 내용을 담은 『이상한 나라, 코리아』(*Quaint Korea*, 1895)라는 책이 있어요. 여기에 조선의 무종교성(irreligion)에 관한 챕터가 있는데, 서양 근대 고등종교의 유일신적 관점으로는 종교적 측면에서 '손대지 않은 대평원'처럼 보였을 수 있죠. 이 땅에는 강력한 하느님

이 없었으니까요. 하늘을 모셔도 하늘이라는 존재가 성경에 나오는 여호와 같은 막강한 존재는 아니었죠. 고사를 지낼 때 벽장 문 안쪽에 칸칸이 떡을 작게 썰어서 놓고 그랬잖아요. 애니미즘적으로, 분리된 공간에는 그곳을 관장하는 영이 있다고 믿는 거죠. 일본식 표현으로 '나와바리(繩張り)'라고 하는데 뒷간 따로, 부엌 따로, 책장 따로, 벽장 따로, 굉장히 풍성한 영의 세계였어요.

하지만 한국인들은 사실 종교에 기대고 싶은 마음을 상당히 갖고 있었던 것 아닌가 싶습니다. 19세기 들어 조선왕조가 노쇠하고 자생력을 잃어가자, 서세동점(西勢東漸) 현상 속에서 불안감이 심해졌고 거기에 대한 대응으로 새로운 종교가 많이 태어났죠. 한편으로는 서학(西學)이 들어왔고요. 천주교가 탄압받았다고 하지만 그 과정을 보면 종교로서 탄압받았다기보다는 외국과의 연결이나 간첩 문제로서 탄압받았던 게 더 크다고 생각합니다. 1801년 황사영(黃嗣永) 백서의 경우 프랑스 군대를 불러들이려 했던 것이니, 요즘 식으로 말하면 중대한 외환죄(外患罪)에 해당하는 일 아닙니까. 중국의 가톨릭 주교에게 '여기를 좀 쳐주시오'라고 보낸 편지였으니까, 지배층 입장에서는 조치를 취할 수밖에 없었겠죠. 서학을 배척하기 위해 동학(東學)이 태어났음에도, 동학마저 서학의 한 분파로 보고 배척할 정도로 지배층의 공포심이 커졌죠.

외국 선교사들은 조선에 종교가 없는 것 같다고 했지만 사실 19세기 말에서 20세기 초는 종교적 대폭발기였습니다. 밑에서는 동학이 놀라울 정도로 퍼져나갔고, 증산교도 퍼져나갔어요. 한편으로는 정치적 요인이 강해서 맥락은 조금 다르지만 국권을 상실하기 직전 단군을 모시는 대종교가 창건되고, 1916년에는 원불교가 창건되었죠. 이후 원불교는 고등종교로 발전해 4대 종교의 하나가 됐어요. 3·1운동 뒤에는 한때 엄청난 붐을 일으켰다가 사라진 보천교(普天敎)도 있고요. 개신교 쪽을 보면 흔히 정통교단이라 하는 장로교·감리교 등의 발전도 다른 아시아 국가에 비해 빠른 편이었고, 한국전쟁을 거치면서 메시아적 운동을 표방하는 여러 분파도 출현했죠. 통일교도 나오고, 신앙촌도 나오고, 나운몽(羅雲夢) 부흥회도 나오고, 최근의 신천지에 이르기까지 다양한 분파들이 퍼져나갔습니다.

단순한 왕조의 쇠락이 아닌, 유교문명의 붕괴와 식민지 지배와 분단과 전쟁과 학살과 정신없는 근대화로 점철된 20세기를 거치며 우리는 굉장히 다양한 종교적 체험을 했던 것 같아요.

조선의 아웃사이더에서 개신교의 주축으로

김진호 천주교와 개신교는 이 시기에 발흥한 많은 종교들과 맥을 같이하면서도 다른 점이 있습니다. 무엇보다 서양 근대와 함께 유입된 종교라는 점을 꼽을 수 있겠지요. 개신교의 경우 여러 경로 가운데 서양 선교사들이 중요한 역할을 하는 경로가 가장 강한 영향력을 지녔어요.

조선에 온 선교사 가운데 서북지역, 특히 평양 선교사들은 다른 지역에서 활동한 선교사들에 비해 근본주의적 성향이 매우 강했

습니다. 그중에서도 장로교 근본주의가 막강했어요. 그리고 이는
이후의 한반도 전체 역사에 큰 영향을 미치죠. 미국사회에서 근본
주의 운동은 일종의 반지성주의 현상으로, 미국사회가 빠르게 근
대화·도시화될 때 이러한 변동의 폭력성에 노출된 서민 계층 사
이에서 활발하게 일어난 신앙운동이었죠. 그런 종교 현상이 평양
을 포함한 평안도와 황해도 지역에서 활활 타오른 거예요. 서양
선교사들은 스스로를 계몽된 존재로, 조선 대중을 우매하고 덜 계
몽된 존재로 보았어요.

이러한 점에서 근본주의는 조선에서 이중적 위치를 지니게 돼
요. 우선 계몽된 종교, 선진종교라는 성격이고, 그것이 서북지역
에서 불타올랐다는 점이 중요해요. 이곳은 조선의 지식체계에서
소외된 이들의 장소였기에 대안적 지식에 대해 열려 있는 곳인데,
평양대부흥운동 이후 이 지역에서의 개신교 담론과 제도에 대한
지배력이 강화된 선교사들은 대안적 '지식' 대신 대안적 '실천'을
강요했어요. 즉 조선의 지적 체계, 그리고 그것과 뒤얽혀 있는 조
선의 신앙적 체계와의 단절을 요구한 것입니다. 그리고 열광적 기
도와 방언을 이어갔죠. 일종의 계몽적 실천이라 할 수 있지만, 이
계몽적 실천이 반지성주의적이었던 거예요.

그런데 계몽적 실천으로서 반지성주의 신앙은 1920년대 이후
또다른 외래 사조이자 계몽주의 성격이 강했던 사회주의 운동과
갈등을 빚습니다. 이 과정에서 서북지역을 포함해 많은 지식인들
이 사회주의로 이동한 것 같아요. 그러다 보니 개신교는 더 반지
성주의적 기조가 강화되는 측면이 있었고요. 물론 그렇지 않은 이

들도 여전히 많았지만.

이런 갈등은 아시다시피 해방 정국에서 극한의 적대감으로 발전하지요. 바야흐로 행동주의가 지배하는 시대가 왔고, 서북지역 특유의 반지성주의적 개신교가 그 전면에 서는 과정에서 개신교의 반지성주의가 한층 더 강화됐어요. 이런 점을 남한의 정치세력이 이용하기도 했고요. 여기서부터 우리의 '광기의 역사'를 짚어보면 좋을 것 같습니다.

한홍구 광기의 출발점을 미국에서 들어온 개신교의 근본주의에서 찾으셨는데, 그것도 매우 중요한 요인이지만 그게 어떤 토양에 받아들여졌는지, 왜 하필이면 함경도나 경상도나 전라도가 아닌 서북이었는지를 생각해봐야 할 것 같습니다.

사실 조선시대에 과거시험 합격자가 가장 많이 나온 것이 평안북도 정주(定州)예요. 춘원(春園) 이광수(李光洙)의 고향이기도 하고, 인재가 많았습니다. 그런데 과거에 급제를 해도 등용이 안 됐어요. 19세기로만 국한해보면, 홍경래(洪景來)의 난(1811~12)이 그 지역에서 일어났습니다. 홍경래의 난이 휩쓸고 지나간 뒤에는 청일전쟁(1894~95)과 러일전쟁(1904~1905)이 겹쳐 일어났어요. 역사의 시간에서 100년은 짧은 시간인데 그동안 전쟁을 세번 겪은 지역이에요. 청일전쟁·러일전쟁은 특히 서북지역이 주요 전쟁터였습니다. 그때 국가권력이라는 게 형편없이 쇠약해져 있었고 아무도 국민을 지켜주지 못했죠. 사회과학자인 최정운 교수가 잘 지적하셨는데(『한국인의 탄생』, 미지북스 2013, 2장), 그 시기에 나온 신소설을 보면 아비규환에 약육강식에, 남자들이 길거리에서 지나가는 여자들을 마구 강간하는 등 이루 말할 수 없는 공포와 혼란으로 공동체가 무너지는 식이었죠.

그때 새로운 종교가 들어온 겁니다. 서북이 국경과 가까우니 외국 문물이 들어오는 데에도 유리한 점이 분명히 있었고, 또 그런 것을 받아들이는 대범성도 있었죠. 조선팔도 감사 가운데 가장 좋은 게 평안감사라고 하지 않습니까? 물산이 풍부하고 경제력도 있고, 경제력 덕분에 교육 수준도 높았는데, 신분적으로는 차별을 받았죠. 이런 요인에 전쟁이 겹쳤을 때 외래 종교를 받아들이기 쉬운 까닭은 종교가 제공하는 보호막 때문입니다. 교회에 나가면 정신적인 안정을 찾을 수 있을 뿐 아니라 실질적인 보호도 받을 수 있었어요. 국가권력으로부터도 그렇고, 양반이나 토호 들로부터도 그렇고, 제국주의자들로부터도 그렇고요. 그런 전쟁 체험, 공포와 황폐함이 근본주의와 잘 결합할 수 있는 촉매 역할을 하지 않았나 합니다.

김진호 조선시대에 대중을 통제하던 유림체제가 서북지역에는 없었던 탓이라고 보아도 될까요?

한홍구 유림체제가 없었다고 말할 수는 없고, 있기는 있었어요. 과거급제자가 그렇게 많았다는 건 유림체제가 있었다는 의미죠. 다만 그들은 조선이라는 권력 사회 내에서 배제되어 있는 아웃사이더들이라, 조선과 운명을 같이해야 할 명분을 갖지 못했어요. 그럼에도 지식과 교육에 대한 열망은 상당했죠.

김진호 서북지역에서 개신교가 강세를 보였던 원인은, 첫째로 유림세력이 강력한 견제세력으로서, 즉 기독교를 막아내는 세력으로서 작동하기 어려웠다, 둘째로 국경지역이기 때문에 무역이 활발했는데, 특히 청나라와의 무역이 조선 후기로 가며 활발해지면서 부를 축적하는 계층이 많아지고 그들은 상승 욕구는 강하나 신분은 낮아, 이른바 신지식을 수용하는 사람이 상대적으로 많았다, 셋째로 조선 후기의 치열한 격전지가 서북지역이었다, 이렇게 정리할 수 있을까요?

한홍구 그중 세번째가 가장 중요한 요인이었다고 봅니다. 개신교 신자들 가운데 두드러진 건 지식인 등 엘리트층이지만, 개신교는 대중 속으로 확산됐고 이는 결국 전쟁 때문이 아닌가 합니다.

김진호 서북지역에서 개신교가 성장한 시기는 청일전쟁과 러일전쟁 때 대중이 교회당 안으로 피해 들어왔던 때인 거죠. 평양대부흥운동이 1907년에 일어났는데, 교회 안으로 사람들이 많이 몰려든 것은 1904~1905년경 러일전쟁 무렵이거든요. 그때 교회당에 성조기가 걸려 있었고, 그 교회당이 미국의 재산이라는 점 때문에 일본이 함부로 하지 못했죠. 교회가 돈이 많아서 사람들에게 쌀을 줄 수 있었다는 것도 중요했고요.

한홍구 또 아플 때는 의술이라는 게 얼마나 간절합니까.

김진호 그런 이유도 있었죠. 사실 의료선교사도 많았거든요. 당시 서북지역을 '동양의 예루살렘'이라고 했어요. 그런 맹렬한 성장세가 미국 선교사들에게도 고무적이었던 것 같습니다.

'서북청년단', 반공주의와 만난 개신교

김진호 이 시기에 근본주의적 신앙이 구체화되면서 조선의 전통적인 문화나 종교성을 적대하는 분리주의 성향이 강해졌습니다. 이는 해방기에 월남한 이들을 중심으로 한 정치적 배타주의로 변모했습니다. 바로 이들이 증오의 정치를 반공주의적으로 드라이빙하는 주체가 된 것이죠.

한홍구 반공주의가 처음으로 번진 것은 1920년대부터였죠. 일제의 권력이 엄청나게 반공적이지 않았습니까? 일제가 사회주의자들을 통제했기 때문에 기독교와 사회주의가 전면전을 벌였다고까지 이야기하기는 어렵지만, 대립이 있었죠. 앞서 지적하셨듯이 1920년대 초반 조선에 사회주의가 유입되었고, 전세계적으로 전부 다는 아니지만 사회주의자들 쪽에서도 급진운동이 득세합니다. '자본주의는 곧 망할 것이다'라는 기조였죠. 대공황까지 일어나니까 '봐라, 곧 망한다' 하면서 공세적으로 나왔어요. 노동자와 농민, 또 농민 중에서는 빈농만 있으면 된다는 식으로 배타적이고 급진적인 성향이 강해졌는데 그때 종교는 당연히 홀대받았죠. 사회주의가 들어오면서 '종교는 민중의 아편이다' '종교의 자유도 있지만 반종교 선전의 자유도 있다'라며 종교를 비판하는 분위기가 강했습니다. 물론 기독교를 독립운동의 방편으로 여기고 '하나님이 우리의 독립을 원하실 것이다'라면서 교회에 나간 사람들도 많았지만, 기독교 선교사들 가운데 '조선이 이렇게 된 것은 하나님이 벌을 주신 것'이라 이야기하는 사람도 있었죠. 교회는 일제와 맞서 싸우지 않기 때문에 오히려 민중의 의식을 마비시킨다고 여기는 사람이 많았어요.

해방되고 나서 상황이 달라졌어요. 서북은 조선에서 기독교가 가장 강한 곳이었지만, 이제 여기서 소련 군정이 실시되거든요. 기독교가 살아남기 힘든 상황이었을 텐데, 조금 주의할 점은 있습니다. 실제 박해가 일어났다 해도 그것이 기독교에 대한 전면적인 박해였는지는 의문시되는 부분이 있죠. 사회주의자들이다 보니 종교에 대해 편견을 갖는 사람이 많았던 건 사실일 겁니다. 하지만 기독교인에 대한 탄압이 기독교 자체에 대한 탄압이었는지, 아니면 '정치적 반동분자'로서 탄압을 받은 사람이 하필 기독교인이었던 것인지는 구분해서 봐야 해요. 친일파에 대한 처벌이나 토지개혁이 기독교 박해로 비칠 수도 있었던 거죠.

김일성(金日成)의 경우 기독교적인 가문에서 자라지 않았습니까? 1892년생인 어머니 이름이 '강반석(康盤石)'이잖아요. 어머니가 모태신앙인데, 외할아버지인 강돈욱(康敦煜)은 창덕학교나 칠

골교회 등을 세워 한국의 초기 기독교사에서 반드시 언급될 수밖에 없는 인물이고, 김일성의 아버지 김형직(金亨稷)도 숭실학교 졸업생이었어요. 그런데 김일성의 회고록 『세기와 더불어』1권(1992)을 보면 부모님이 기독교 신앙을 그다지 갖지 않은 것처럼 이야기해놨어요. 아버지는 숭실학교를 나왔지만 무신론자였고, 어머니는 예배당에 다녔지만 예수를 믿지 않았으며 "사실은 너무 피곤해서 좀 쉬자고 간다"라 말했다죠. 하지만 가족들의 경력이나 배경으로 미루어 상당히 독실한 신자들이었으리라 여겨집니다. 종교에 대한 김일성의 이해도 깊은 편이죠. 천도교 측과 합작할 때에도 천도교 교리를 존중하는 태도를 보였고요. 김일성이 천도교 지도자를 유격대 밀영에 모셨을 때, 아침 일찍 맑은 물을 떠놓고 기도하는 천도교 의식을 존중하는 모습을 보여 그 지도자의 마음을 사로잡았지요.

다만 김일성이 종교에 대해 비교적 유한 편이었음에도 여러가지 정치 정세가 작용했고, 기독교인들이 위기감과 박탈감 속에서 공세적인 행동도 많이 하지 않았습니까? 강양욱(康良煜) 목사 집에 폭탄을 던지는 등의 일과 결부되면서 기독교인들에 대한 박해가 있었던 것은 사실이었죠. 그렇게 되니까 해방 직후에 기독교인들이 월남을 했고, 한국전쟁 때 그 수가 엄청나게 늘어났죠.

김진호 20세기 초반 기독교와 사회주의 간의 대결이 존재하기는 했어요. 1920년대 초, 전국주일학교 교사 대회 때 사회주의자들이 공격해서 난동이 벌어진 일도 있고요. 하지만 대부분의 기독교인은 이를 체험이 아닌 소문으로 접했을 것입니다. 엘리트 가운데는 체험한 사람도 있지만, 일반 기독교 대중은 서양 선교사들이 공산주의에 대해 나쁘게 말하는 것을 들으며 적대감을 가졌을 테고요.

한홍구 사회주의자들이 실제로 교회를 직접 공격한 건 아니었죠.

김진호 이때의 적대는 상상적 측면이 강한 것 같습니다. 앞서 선생님께서 말씀하신 대로 1920~30년대에 대공황이 일어나면서 자본주의 사회의 몰락이 눈앞에 다가온 것 같은 분위기가 팽배했고, 이는 사회주의 성향의 사람들에게 맑스주의 이론의 성공 가능성이 높아졌다는 확신을 주었던 것 같아요. 그래서 과학적 사회주의에 대한 믿음, 진보적 이성에 대한 확신이 강화된 것이죠. 그런 맥락에서 종교를 아편이라고 하는, 종교의 비과학성에 대한 비판의 어조가 높아졌고요. 이런 공세 때문에 기독교 쪽에서도 사회주의권에 대해 강한 거부감을 갖게 되었죠. 당시 서구사회에서는 기독교 대 맑스주의의 갈등이 크게 확산되었습니다. 바로 그런 분위기가 조선에도 들어왔고, 조선의 기독교인들과 사회주의자들 사이에서 일종의 상상적 적대감이 고조되었던 것이죠.

한편 해방 직후 북한지역에서의 갈등 때문에 남쪽으로 내려온 개신교도들은 '우리가 정치적으로 박해를 당했다'라고 생각했을 거고요. 한홍구 선생님께서 말씀하신 대로 실제로 개신교도만 집중적으로 탄압을 당한 것은 아닐지라도, 개신교도의 입장에서는 그렇게 느꼈을 가능성이 매우 크지요. 게다가 신자 수는 당시 전체 인구의 1퍼센트 정도밖에 안 되었지만 북한지역에서 개신교는 상공업이 발달한 지역에서 강세를 보였기에, 신자 수가 더 많은 종교들보다 개신교가 보유한 자원이 더 많았어요. 그렇기에 당국의 탄압으로 더 많은 것을 잃었다는 상실감도 상당히 컸으리라 추측됩니다.

다만 당시 북한 인구 가운데 개신교도 비율은 2퍼센트를 조금 상회했는데(900만명 중 20만명), 남한에 내려온 월남자 가운데 개신교도 비율은 5~7퍼센트(139만명 중 7만~10만명)나 된다는 점에서 개신교도가 더 많이 공격당한 건 분명해 보여요.

한편 월남자 개신교도의 다수는 군정 당시 경무국장 조병옥(趙

炳玉)과 수도경찰청장인 장택상(張澤相) 같은 이들의 사주로 백색 테러(우파가 주도한 테러)에 동원됐어요. 사람이 누군가를 미워한다고 해서 그에게 린치를 가하거나 심지어 죽이는 일을 쉽게 하지는 않잖아요. 미움이라는 마음작용이 적대적 테러 행위로 이어지려면 그것을 가능하게 하는 장치가 필요한데, 남한의 경찰기구나 미군정 정보기관이 그 장치를 마련해준 거죠. 이렇게 해서 테러 행위에 참여하게 되면 그런 행동을 반복하는 일은 훨씬 수월해지고요. 그런 점에서 이는 '수행적 적대'라고 할 수 있어요.

한홍구 테러 행위를 수행할 수 있는 이데올로기적인 기반이 바로 선과 악의 대립구도, 선민의식 따위였을 것입니다. 사명감을 갖고 공격했을 테고, 이를 위한 물질적 토대도 제공받았고요. 월남한 개신교의 주요 목사들은 거의 대부분 적산을 하나씩 불하받잖아요. 일본 천리교(天理敎, 텐리꾜오)의 재산은 한국에 있는 천리교 신자들이 받아서 처분해야 마땅한데, 미군정이 들어가서 이를 차단하고 빼앗아 개신교인들에게 줬어요. 1945년 한경직 목사가 세운 영락교회의 자리는 일본 천리교 자리였어요. 해방촌은 일본 신사 자리였고, 경동교회도 그랬어요. 조선신학교나 성동교회도 천리교 재산이었고요. 숭의학교도 내려와서 경성신사 자리에 터를 잡았죠. 거의 100여개 되지 않나 싶어요. 이런 식으로 미군정이 개신교 쪽에 강력한 물적 토대를 제공했습니다. 미군정 입장에서는 명확한 목표가 있었던 거죠.

1946년 8월 15일을 며칠 앞두고 미군정에서 여론조사 결과를 발표한 바 있어요.[*] 한국인들에게 어떤 정치체제를 원하느냐고 물었더니 사회주의 70퍼센트, 공산주의 7퍼센트, 그리고 자본주의 14퍼센트로 나왔어요. 사회주의·공산주의 대 자본주의가 77대 14니까 5.5대 1이었단 말이에요. 박근혜 대통령 탄핵 때 찬성과 반대 의견이 4대 1 아니었습니까? 그보다 훨씬 더 큰 비율로 사회주의·공산주의를 지지한 거예요. 당시 대중이 사회주의가 무엇인지를 정확히 알아서 지지한 건 아니고, 독립운동을 한 사람들 중 사회주의자가 많으니 그쪽으로 많이 기울었으리라 생각해요.

그럼에도 미군정 입장에서 이는 굉장히 심각하게 우려되는 상황이었죠. 미군정이 개입을 안 하고 가만히 놔두면 사회주의 내지는 사회주의에 굉장히 가까운 좌파 세상이 될 것 같으니까 남쪽에 강력한 우익세력, 친미·반공 세력을 형성해야겠다고 생각했는데, 거기에 딱 들어맞는 게 월남한 개신교 목사들이었어요.

김진호 맥아더(Douglas MacArthur) 사령부의 장교들은 필리핀이나 일본에서도 기독교 반공주의 국가를 만들고 싶어했는데, 실패했죠. 반면 조선, 즉 한반도 남쪽에서 개신교 반공 국가를 만들고자 했을 때는 '서북지역에서 내려온 엘리트'라는 적합한 파트너가 있었던 거예요. 미국 장로회와 직접 연결되어 있다는 점에서도 좋았고요. 한경직처럼 영어를 할 줄 아는 개신교 신자도 많았죠. 이

---

[*] 「정치자유를 요구, 계급독재는 절대반대, 군정청 여론국 조사 (1)」, 『동아일보』 1946.8.13.

때문에 미국은 자기들이 관리할 수 있는 조선의 종교 재산을 개신교 쪽에 몰아준 거예요. 월남자 교회들이 속속 등장했고요.

한홍구 방금 말씀하신 것들이 서북청년단*의 물적 토대가 되었어요. 그 사람들이 해방촌에 모여 살고, 거기에 해방교회가 있고, 그중에서 상층부는 영락교회에 다니고 장사는 남대문시장으로 하러 갔죠. 그러면서 서북청년단이 세를 얻은 거예요. 또 그들의 맹주로서 이승만이라는 걸출한 인물이 있었죠. 이승만 자신이 기독교 국가를 만들고 싶어했고요.

'청년단'이라는 것 자체가 일제의 잔재예요. 학교도 못 가고 일본어도 모르는 사람들을 징병해 써먹으려고 만든 게 청년단 아닙니까. 단기간에 시간관념이나 단체생활의 규율을 주입하기 위한 조직이었죠. 일본에서는 다 해산되고 인권교육과 평화교육을 하면서 물을 뺐지만 우리나라에는 그대로 남아서 청년단이 테러의 핵심 집단이 되고 군으로도 많이 포섭됐죠. 이런 경험을 한 사람들이 한국전쟁 때 민간인 학살도 했고요. 1950~60년대에 반공 청년으로 활약하면서 '조봉암 때려 죽여라' 하던 것이 오늘날 '가스통 할아버지'까지 이어집니다.

김진호 월남한 이들은 남한에 별로 기반이 없으니까 생존이 힘들

---

* 미군정 당시 조직된 반공주의 청년단체. 1946년 월남자들을 중심으로 발족했고 1948년 대한청년단에 흡수·통합되었다.

잖아요. 일자리가 많지도 않은 상황이었고요. 미군정 측에서 '알바' 고용하듯이 테러 집단을 만들어내기에 용이했죠. 월남자들은 북한지역에서 남한지역으로 걸어 내려왔으니까 그중에는 나이가 많은 사람이나 여성보다는 청년 남성이 많았죠. 공산주의에 대한 적개심도 커서 동원하기가 좋았고, 행동력도 있었어요. 또 그들을 이끄는 사람들이 '성전' 개념을 전파하는 등 이데올로기를 제공했습니다. 한데 모여서 이데올로기적인 생각을 종교적으로 재생산할 수 있는 월남자 교회도 존재했고요.

한홍구 서북청년단 가운데는 교육받은 사람이 많았어요. 국가권력의 비호 아래 있었기에 테러를 해도 처벌받지 않았고요. 고향으로 돌아가야 한다는 현실적인 이유와 북한을 해방해야 한다는 정치적·종교적 사명감까지 갖고 있었죠.

김진호 서북지역 내에서의 기독교는 융통성도 있고 다채로웠지만, 남한에 내려온 이들의 특정한 경험에 의해 재구성된 서북주의 신앙은 굉장히 공격적이고 극우 반공주의적이며 분노가 중심이 되는 행동주의적인 형태를 띠고 있었죠.

한홍구 그 이전에도 극우였고 반공적이었겠지만, 남한에 와서 자기들이 피해자라는 순교자 담론까지 더해진 것이라 봐야겠죠.

남한 주류 엘리트에 편입한 기독교 인맥

김진호 그렇게 남한지역에서 1940년대의 서북청년단 같은 극우 행동주의 신앙이 만들어졌고, 이는 근본주의적·반지성주의적 종교라 볼 수 있습니다. '공산주의자들은 적이고, 그들을 궤멸하면 우리에게 종교적인 축복이 있을 것'이라는 믿음이 있었어요. 이것이 한국전쟁을 거치며 한층 강화되고요.

한홍구 한국전쟁이라는 게 엄청난 학살로 시작되지 않았습니까? 학살의 주역들이 안타깝게도 기독교도들이었어요. 전쟁 상황에서 어쩌면 저렇게 사람을 잔혹하게 죽일 수 있었을까 생각해봤는데, 종교적 사명감 때문이 아니었을까 싶어요. 한국전쟁 속에는 기독교와 사회주의의 싸움이 있었어요. 서북청년단이나 월남자들이 가한 어마어마한 학살이 그 대표적인 예죠.

가령 신천(信川) 학살●을 북쪽에서는 '미제에 의한 학살'이라고 하지만, 내용을 따져보면 황석영이 소설 『손님』(창비 2001)에 썼듯이 월남했던 기독교인들이 이북에 돌아와 맑스주의자들을 죽인 사건이었어요. '손님'이라는 제목도 기독교와 맑스주의 모두 외부에서 들어온 것이라는 점에서 붙였죠.

북쪽에서 미 제국주의자들에 의한 학살이었다고 주장한 데에

● 한국전쟁 기간 한국군과 유엔군이 이북을 점령한 1950년 10월, 황해도 신천군에서 3만 5,000여명의 민간인이 학살된 사건.

는 나름의 이유가 있습니다. 법적인 책임을 따지자면 작전지휘권을 가지고 있던 유엔군의 책임을 부정할 수 없죠. 하지만 월남했던 사람들이 돌아와서 죽인 거잖아요. 이 사람들은 또 내려가버렸으니 이들의 가족 등 남은 사람들은 북한지역에서 살아야 하는데, 지속적으로 그 기억을 되살려내면 그럴 수가 없으니까 가해의 책임을 미국에 뒤집어 씌웠다고 할까요? 미국의 책임이 분명히 있지만 토착 우익들을 지워버린 것은 남은 사람들이 그 사회에서 살아가기 위한 한 방편이 아니었을까 생각해봅니다. 어쨌든 어마어마한 학살이 일어났고 분단이 고착화되어버렸죠.

한편 남쪽 사회는 민간인 학살을 많이 겪었어요. 그걸 겪으면서 신분제가 없어지지 않았나 생각합니다. 우익 백정이 빨갱이 양반을 만났을 때 낫으로 찍어버리면 게임이 끝나니까요. 그렇게 해서 남쪽 사회가 굉장히 동요했죠. 1950년대부터 전쟁 피난민들의 공동체가 해체되고, 빨갱이로 몰려서 살 수 없게 되는 등 여러가지 이유로 사람들이 도시로 이동했어요. 민간인 학살 과정에서 '너는 이쪽, 너는 저쪽' 하는 식으로 분리해서 한쪽을 잡아다 죽이는데, 그 작업을 목사들이 많이 한 걸로 나옵니다. '손가락 총'이라고 불러요. 안타까운 일인데, 죽고 사는 순간에 교회에 나간다고 하면 살 수가 있었던 거예요. 혹시 빨갱이 누명 쓰면 어쩔까 싶을 때 목사가 그 보호장치를 제공할 수 있었죠. 게다가 물자가 교회를 통해 배급되니까 물자에 가깝게 다가설 수 있고요. 경조사가 있을 때 예전에 시골에서는 상주는 곡만 하고 있으면 되고 장례는 동네에서 다 치러주었지만, 도시에서는 그럴 수가 없잖아요. 그때 교

회라는 작은 공동체에 속해 있으면 교회에서 알아서 처리해줬죠. 다른 일체의 사회 안전망이 없는 세상에서 교회가 그걸 제공할 수 있었던 거예요.

우리 사회에서 그런 기능을 수행하는 곳으로서 교회만 발달한 게 아니라 동창회, 향우회, 종친회 등도 같이 발달했어요. 전쟁 후 공동체가 완전히 무너졌을 때 공동체가 제공했던 최소한의 복지 기능을 교회가 대체할 수 있었던 것이고, 거기에 제사를 안 지낸다는 요인까지 겹쳐서 팽창할 수 있었죠.

김진호 한가지 덧붙이자면 개신교 신자에게 근대적 고등교육을 받을 기회가 많이 주어졌지요.

한홍구 그 시절에 영어를 한다는 건 엄청난 일이었죠. 교회에 가는 사람들이 기회가 많아 영어를 빨리 습득할 수 있었고, 미국 유학도 많이 다녀왔습니다. 미국 유학을 갔던 사람들은 돌아와 한국사회의 지배층이 됐고요.

이승만이 집권할 때 우리나라의 개신교 인구가 1퍼센트밖에 안 됐는데, 강인철 교수의 조사 결과를 보니(『한국 개신교와 반공주의』, 중심 2007), 내각 즉 장차관 자리의 42퍼센트를 개신교도가 차지하고 있었어요. 미군정 때는 처장의 46퍼센트, 민주의원에서 35퍼센트였다고 하고요. 역대 국회의원 가운데서는 20퍼센트가 넘어요. 이런 식으로 엘리트층 내에서 타집단과는 비교가 안 될 정도로 개신교도가 인구 수 대비 수십배 넘게 우리 사회의 요직을 장악하고 있었던 거예요.

김진호 근본주의적 개신교의 전투적 행동주의자들은 군부 요직에 들어가잖아요.

한홍구 한국군 내에서 개신교가 10년 단위로 두배씩 성장하는 데 매우 중요한 역할을 한 요인이 두가지 있어요. 군목제도와 전군신자화운동이죠. 군목에는 경목도 있고 형목도 있는데, 양심에 따른 병역 거부 문제가 불거졌을 때 자료를 찾다 보니, 군대가 기독교 선교의 '황금어장'이었다면서 이를 비판하는 글이 있더라고요. 실제로 저도 군대에 있을 때 지휘관 중에 독실한 개신교 신자가 병사들에게 "자네 일요일에 뭐했나?"하면 다들 "시정하겠습니다"라고 했어요. 제가 있던 부대에서는 기독교를 강제하지는 않았지만, 돌잔치 때 아이가 잡기를 바라는 걸 제일 손 가까운 곳에 놓듯이 여러 혜택을 주기도 했어요.

박정희(朴正熙)는 이승만과 달리 개신교 신자가 아니었고 그때 내각의 개신교도 비율도 훨씬 떨어졌어요. 그럼에도 베트남에 파병하던 1966년 9월 무렵, 국방장관(김성은)과 3군 참모총장(육군 김계원, 해군 김영관, 공군 장지량), 해병대사령관(강기천), 주월한국군사령관(채명신)이 모두 개신교도였어요. 그런 분위기에서 전군신자화운동이 벌어졌거든요. 논산훈련소 같은 데서 떡을 나눠주며 신자를 모았는데 이들을 '떡신자'라고 불렀죠. 그런 식으로 매주 2,000~3,000명씩 신자가 늘었다는 무용담 아닌 무용담이 있어요. 나중에는 떡 대신 초코파이를 나눠줬죠.

김진호 남한 군부가 형성될 때 가장 중요했던 세력은 일본군 출신이었고, 또 하나는 서북청년단이었어요. 이들을 포함해 남한에서 백색테러에 참여했던 청년들이 국방경비대의 사관생도학교인 국방경비사관학교(오늘날 육군사관학교)에 대거 입소했어요. 5기생 가운데 3분의 2가 서북 출신이고 이들은 나중에 박정희 군사쿠데타의 주역이 되죠. 7기, 8기 가운데서도 다수가 서북청년단원이었고요. 그리고 베트남전쟁 참전 때 최고지도자들이 서북 출신 개신교인 장군들이었어요.

한홍구 채명신(蔡命新) 장군 같은 분이 서북청년단 활동도 했거든 요. 상당히 엘리트죠. 나이도 다 젊었어요. 당시 40대밖에 안 됐죠. 서북 출신들이 박정희가 등장한 다음에 적어도 군부에서는 밀려나게 되기 때문에 서북 인맥만 가지고는 1970년대 이후를 설명하기 어렵지만, 그럼에도 개신교 영남 인맥 등이 있어서 서북 사람은 아니더라도 군 내부에서 개신교가 주류를 차지했어요. 1966년 대통령을 위한 조찬기도회도 만들어졌고, 역대 정보기관 등에서도 개신교도가 다수를 점했죠.

나운몽과 박태선, '치유'의 부흥회

김진호 서북주의 개신교 신자, 특히 서북청년단의 극우주의에 내포된 반지성주의를 살펴봤는데, 반지성주의의 다른 한 축에 대중 신비주의 신앙이 있었습니다. 1954년 이후에 갑자기 남한사회에서 대중신비주의 신앙이 휘몰아쳐요. 1953년 휴전협정을 맺었지만, 너무나 격렬하고 그만큼 강렬했던 전쟁의 잔영은 쉽사리 사라질 수 없었죠. 전쟁으로 말미암은 정신적·육체적 훼손이 병증으로 표출되고 몸과 정신 안에서 전쟁이 계속되었기에 사람들에게 종교가 필요했던 것 같아요. 전쟁광처럼 날뛰었던 서북주의 종교가 아니라 사람들을 돌보고 치유하는 종교 말입니다.

그 무렵에 사람들은 굉장히 많은 질병으로 괴로워했어요. 일자리는 없는데 서울로 인구가 집중되어 과잉도시화 현상이 벌어졌죠. 서울 주변의 무허가 집터에 이렇다 할 수도시설이나 하수시설, 정화조 시설이 없어서 주기적으로 전염병이 창궐했고 화재에도 취약했어요. 시내에 들어가도 잘해야 하루 일당쯤 벌 수 있는 일이 어쩌다 생기고 대개는 쫄쫄 굶다 보니 면역 기능도 떨어졌죠.

한홍구 1954~55년 무렵 남한에 들어와 있던 외국군이 대거 빠져나갔기에 병력 수요가 크게 늘었어요. 전투 병력만 필요한 게 아니에요. 휴전선을 중심으로 막대한 군사시설을 가설해야 했지요. 그래서 병력뿐 아니라 노동력도 많이 필요해졌죠. 문제는 인력이 태부족하다는 거였어요. 1940년대 중반부터 1950년대 초까지 10대 후반에서 30대 초반 연령대의 남성이 집중적으로 사망했죠. 군대는 인력 부족이라 강제동원을 하려 했고, 이에 가족 경제가 다 무너져서 생계가 막막해진 이들은 자살하기도 하고 군대 동원령에서 빠지려 수단 방법을 가리지 않았어요. 그때 '사바사바(さばさば)'가 유행어가 됐어요. 이후 남한에서 미국의 존재감이 더 커진 한국전쟁 때 더 많이 퍼져나갔을 거예요. 또 미군부대에서 잔심부름하던 소년들, 즉 '하우스보이'들이 미국으로 많이 건너갔고요.

미국이 선망의 대상이 되고 친미주의가 한국사회에 대중적으로 퍼져나간 게 한국전쟁을 거치면서예요. 미국의 후원물자를 받기 위해 학교에서 한 학급 전체가 미군부대에 위문공연을 하러 가기도 했어요. 그뿐 아니라 미국 대중문화가 급격하게 들어와서 어린이들이 디즈니 만화영화를 보며 자라기 시작했죠. 어린 시절에 얼이 빠지도록 보던 장면의 이미지는 오래 남잖아요.

　　그 세대가 한국사회에서 그 누구보다 친미적인 세대죠. 박정희
만 해도 일본식 교육을 받았기 때문에, 미국에 의존적이면서도 '양
키 놈들' '미국 놈들'이라며 폄하했지만, 그보다 15~20년 뒤에 태
어난 이들은 미국이라 하면 껌뻑 죽게 됐어요. 이명박 전 대통령
의 형인 이상득(李相得) 씨가 미국 대사관 직원을 만나 "걱정 마라,
이명박은 노무현과 다르다, 뼛속까지 친미다"라고 했다는 이야기
가 위키리크스(WikiLeaks)에 올라 화제가 됐죠. 제가 그 이야기를
학생들에게 설명할 때 보여주는 사진이 한장 있는데, 1953년 5월

포항의 어느 고아원에서 물자가 보급되는 장면을 찍은 거예요. 아이들이 미군이 박스를 내리는 모습을 넋놓고 쳐다보고 있어요. 그 나이의 어린이들이 친미주의자가 되는 것은 유쾌한 일은 아니지만, 시대 상황을 놓고 볼 때 그럴 수밖에 없었겠다 싶은 면이 있어요. 이명박 전 대통령이 딱 그 세대였죠.

김진호 전쟁 후 보건의료에 대한 필요는 엄청나게 증가했는데 의료시설은 제한되어 있고 국가는 신경 쓸 여력이 없었죠. 주류 기독교에서는 힘있는 사람과 유리한 위치의 사람에게 혜택을 더 많이 줬고요.

그런 와중에 1954년부터 여기저기서 '치유 은사'를 베푸는 구마사(驅魔師)가 등장했어요. 그중 가장 유명한 이들이 나운몽과 박태선(朴泰善)이에요. 박태선은 전국 여러 도시에서 집회를 열었지만 특히 서울에서 활발히 활동한 반면, 나운몽은 주로 농촌과 지방 도시 지역을 돌아다녔어요. 정확한 기록은 아닌데, 박태선의 경우 1955년 한강 백사장에서 집회를 열어 9일 동안 연인원 60만명이 모였다고 합니다.● 그해 3월부터 11월까지 박태선의 15개 부흥집회에 몰려든 인파는 무려 500만명에 이른다고 해요. 당시 남한 개신교 인구가 기껏해야 100만명 정도였으니 그를 향한 당시 대중의

● 대한예수교장로회가 발간하는 교단 기관지 『기독공보』(1955.4.11)는 「연 60만명 집회, 치병(治病) 기사(奇事) 등으로 연일 대성황」이라는 제호의 기사에서 박태선의 한강 백사장 집회의 연인원을 60만명으로 기록하고 있다.

열광이 어느 정도였는지를 짐작할 수 있죠. 1954년 경상북도의 용문사에서 시작한 나운몽의 부흥집회는 지방도시나 시골에서 열린 탓에 박태선의 집회처럼 대대적인 인파가 몰리지는 않았지만, 역시 큰 반향을 일으켰지요.

이들 부흥집회의 초점은 병 치료에 있었어요. 사람들은 자기를 괴롭히는 질병에서 벗어나고 싶은 필요가 충천해 있는데, 그 필요를 충족시켜줄 수 있는 정상적인 시스템은 부재하니 대중신비가들이 그 자리를 채운 거죠. 대개 개신교 계통의 대중신비가들이 집회에서 성공했던 것 같아요. 다른 종교는 일제강점기를 거치며 탄압을 받아서 조직이 와해되다시피 했고요.

한홍구 다른 종교는 정치적 이유로 박해를 받아왔죠. 동학은 갑오농민전쟁(1894~95) 때 박해를 받았고, 대종교는 민족주의와 연결돼 일제강점기에 박해를 받았죠. 증산교는 개인 체험을 강조하다 보니 신자 수는 많았을지 몰라도 교단이라 할 만한 것 없이 뿔뿔이 흩어져 있었어요. 그나마 원불교가 정상적으로 성장했고, 그밖에는 개신교계의 신종교들이 대거 번창했죠.

김진호 1954년부터 남한지역에서 일어났던 대중신비가들은 일반적인 개신교 엘리트의 교육 과정이나 성장 과정을 거치지 않은 경우가 많아요. 교육 시스템에서 소외된 사람들이 많은 거죠. 집회에 참여하는 대중도 주로 기독교 메커니즘에서 수혜를 받지 못한 사람들이었고요. 박태선이나 나운몽의 집회에 온 사람들 가운데 기독교 신자가 아닌 이들도 굉장히 많았죠.

부흥집회의 성격이 대단히 혼합주의적이었다는 것이 흥미롭습니다. 서북지역에서 시작했던 근본주의 신앙은 토착종교에 대해 적대적이었는데, 1950년대 중반 무렵부터 맹위를 떨친 대중신비주의 신앙은 근본주의적 신앙 요소를 지닌 동시에 혼합주의적인 성향도 내포하고 있었어요.

한홍구 불교에서도 산신각이나 삼성각은 샤머니즘을 받아들인 장치였죠. 기독교는 비교적 근래에 유입된 외래 신앙이고, 전통적인 한국 사람들은 유일신 신앙에 익숙지 않았잖아요.

무당들에게 기독교를 전도하려다 실패한 재미있는 이야기가 있어요. 어떤 사람이 무당한테 가서 예수의 이적을 말해주고 '이 강력한 예수님을 모시겠느냐' 했더니, 무당이 '아, 모시겠다' 했어요. '그러면 교회에 나오겠느냐' 물으니까, 눈을 크게 뜨면서 "왜 교회에 가요? 여기에 모셔야지"라고 했다는 이야기예요. 자기 삶 속에서 완전히 과거와 단절하고 교회로 가는 사람도 있지만, 과거의 삶을 이어나가면서 기독교적인 요소 가운데 필요한 것만 절취해 편하게 받아들인 사람이 훨씬 더 많았겠죠.

김진호 남한의 전통적인 종교성이 기독교 신앙과 잘 결합해 나타났다고 봐야 할 것 같아요. 근본주의적인 기독교가 분리주의적 성격이 강했던 것과는 다르죠. 박태선이나 나운몽은 주류 기독교로부터 배척을 많이 받아서 그 자체로는 세력화되지 않았는데, 나운몽 집회 때 부흥사(復興師)의 꿈을 키운 한 청년이 있었어요. 그가 조용기예요. 1958년 서대문구 대조동 산동네에서 천막교회를 시작했던 그는 나운몽의 부흥집회에서 부흥사의 꿈을 키웠죠. 이후 그는 세계 최대의 '메가처치'를 만들어냈을 뿐 아니라, 한국 개신교의 거대한 흐름을 이끌어낸 장본인이 되었어요. 또 오늘날에는 남아시아·아프리카·라틴아메리카·유럽 등지에서 오순절(五旬節) 운동 바람을 일으키고 있는 상징적 인물입니다.

교회를 만들지 않고 전국을 순회하며 부흥회를 이끌었던 나운몽과는 달리 조용기는 자기 부흥운동의 센터를 구축했고, 그곳을 거점 삼아 팽창을 거듭함으로써 권력화된 종교성을 발전시켰어요. 그러나 한편으로는 세속적인 것과 영적인 것을 결합한 혼합주의적 신앙을 중심으로 하고 있다는 점에서 나운몽의 계보에 속한다고 할 수 있죠. 영혼의 구원에, 몸의 구원(건강)과 물질의 구원(풍요)을 결합한 '1+2'의 복음. 그것이 조용기의 저 유명한 '3박자 구원론'이에요. 세속적인 것과 영적인 것을 동시에 결합한 기복적 신앙 양식이죠. 그리고 이런 현상은 1970~80년대 한국 개신교 신앙의 한 전형으로 발전했어요. 요컨대 나운몽에서 조용기에 이르고, 그로부터 한국형 부흥사들이 탄생한 거죠.

서북주의자들이 '파괴적 증오의 정치'를 통해 부상했다면, 조용기로 표상되는 부흥사들은 '생산적 증오의 전략'을 구사했다고 할 수 있어요. 적에 대한 증오를 성공에 대한 욕구의 자양분으로 전환한 것이죠. 그리고 이러한 생산적 증오의 전략에서 유용한 도구가 혼합주의였어요. 사람들이 가진 모든 종교심을 활용하고 그것을 기독교적 종교성으로 덮어버리는 거죠. 과거 서북주의자들이 혼합주의적 요소의 흔적이라도 발견하면 마치 암세포 도려내듯 그 주위의 모든 것을 파헤쳐 만신창이로 만들어버린 데 반해, 부흥사들은 기독교적 혼합주의 신앙을 만들어냈습니다. 이들은 양적으로 개신교를 크게 확산시키는 개가를 이룩했죠. 그뿐 아니라 서북주의적 증오의 사도들은 1980년 어간에 이르면 자연적 연령에서 노쇠해간 반면, 부흥사들은 그때에 더욱 불꽃을 일으켰어요. 이른바 '조용기 현상'은 조용기만의 현상이 아니라 그를 모방하는 무수한 부흥운동으로 나타났습니다.

　여기서 유의할 점은, 조용기 현상에서 사람들은 모두 조용기만 보려 하지만 조용기의 장모, 최자실(崔子實)을 빼놓고 얘기해서는 안 된다는 것입니다. 최자실은 여성이므로 보수적인 개신교 내에서 목사직을 수행할 수는 없었죠. 아주 진보적인 교단에나 드물게 여성 목사가 있었으니까요. 하지만 최자실은 조용기 못지않은 카리스마적 리더십을 가진 인물이었습니다. 조용기가 주류 기독교와 더 가까운 곳에서 신드롬을 일으켰다면, 최자실은 주류 기독교로부터 거리를 둔 지역에서 신드롬을 일으켰어요. 그게 바로 '산기도원'이에요. 조용기의 교회와 최자실의 산기도원의 결합, 이것이 1970~80년대 한국 개신교계에 휘몰아친 조용기 현상의 실체였어요.

한홍구 기도원이라는 형태는 한국에만 있는 건가요?

김진호 서양의 기도원은 명상과 침묵에 초점을 두지만 한국의 기도원은 부흥회가 일어나는 장소예요. 부흥회는 도시 교회에서도 일어나는데, 산기도원의 부흥회는 훨씬 더 강렬해요. 비이성이 완전히 지배하죠.

요즘은 거의 없어졌지만 많은 도시 교회들이 부흥회를 정기적으로 열었어요. 신자들을 열정에 충만하게 만드는 장치예요. 그런데 도시 교회의 부흥회로도 열정이 불타오르지 못할 때 산기도원에 갑니다. 거기서 어마어마하게 강렬한 체험을 하죠. 1970~80년대 여의도순복음교회에서는 예배마다 거의 매번 병 치료를 하고 난장이 벌어졌어요. 예배 중에 누군가가 벌떡 일어나 목발을 흔들면서 걷고 뛰어다니는 등 통제가 안 되는 일이 많았는데 산기도원은 그것보다 더 강렬해요.

산기도원에 들어가 열광적 종교성으로 충만하게 무장해 돌진적 성장 사회의 난폭함을 견뎌낼 힘을 얻는 이들도 있었지만, 실은 실패한 사람들도 많았어요. 개중에는 결국 도시로 되돌아오지 못하고 산기도원에 장기간 머물러 있게 된 이들도 많았죠. 박정희 시대에는 성공주의 담론이 넘실거렸고 많은 사람들이 성공하기도 했지만 사실 실패한 사람들이 훨씬 더 많잖아요.

한홍구 대중가요 가운데 박정희 시대를 상징하는 노래가 송대관의 히트곡인 「해뜰 날」(1975)이에요. 송대관은 십여년 후에 「차표 한장」(1992)이라는 노래를 불러요. 전자가 희망에 차서 상경하는 곡이었다면, 후자는 차표 한장을 손에 들고 집에 가는 길을 묘사해요. 명절에 돌아간다면 선물을 바리바리 싸들고 가야 하는데, 간신히 차표 한장만 구해서 귀향하는 쓸쓸함을 노래한 곡이죠. 그 사이 전두환(全斗煥) 시대에는 정수라의 「아! 대한민국」(1983)이라는 노래가 있었어요. "원하는 것은 무엇이든 이룰 수 있고 뜻하는 것은 무엇이든 가질 수 있어"라는 후렴구에 사람들이 '돈 있으면' '빽 있으면'이라는 가사를 붙여 부르고 그랬어요.

실패한 사람들을 어떻게 관리하느냐의 문제는 민주주의의 성패와도 관련된 거예요. 이 사람들도 똑같이 한표를 행사하는 유권자들이거든요. 1920년대 말에 나치즘과 파시즘이 등장한 게 이 사람들의 선택이었던 거죠. 대공황의 충격으로 나락으로 떨어진 사람들이 사실은 말도 못하게 많았잖아요. 자본주의 사회는 사람들을 끊임없이 절박한 상황으로 밀어 넣고, 거기에 대한 구제책 등 대안은 턱없이 모자라죠.

현대사회에는 우승열패의 사회진화론적 담론이 많이 퍼져 있지 않습니까? 그런 담론을 퍼뜨린 이들이 윤치호(尹致昊), 이광수 등 기독교적 세계관을 받아들였던 사람들이고요. 사회진화론은 사회발전을 위한 무한경쟁을 정당화하고 약자의 도태를 지향하는데, 그 도태된 사람들을 한국화된 기독교가 흡수해 들이는 꼴이었어요. 우리 사회에 종교 외에 다른 보호장치가 없었잖아요.

김진호 산업화시대에 국가가 포용하지 못하는 영역이 있었죠. 그래서 사회 주변부에 나병환자 수용소라든지 부산 형제복지원, 안산 선감학원 등 많은 수용소가 존재했어요. 국가는 시스템에 포용하지 못하는 사람들을 격리 수용하는 방식을 취했는데, 이 버림받은 사람들이 머무르는 장소들이 있었던 것 같습니다.

산기도원이나 무속 종교 역시 그런 역할을 했죠. 도시에서 밀려난 사람들이 집도 짓고 밥도 먹어야 하는데, 산기도원은 도시 교회들과 교류가 많아 그런 물자를 수급하기가 다른 종교보다 쉽고 원활했어요. 가족이 책임지기 어려운 알코올중독자나 폭력 성향이 강한 정신질환자를 특정한 역할을 하는 기도원에 격리 수용하는 일이 있었죠. 온갖 인권 침해와 폭력이 난무하는 폐쇄된 곳들 말이에요. 지금도 우리 사회에서 그런 것들을 없애지 못하는 이유가 국가가 책임져주지 못하기 때문이잖아요. 한국의 폭력적이고 이상한 복지체계인 것이죠.

한홍구 1970년대 한국사회를 두고 '거지가 없는 사회'라는 게 자랑이라고 했는데 이러한 실상이 있었던 것입니다. 낙오자와 약자에 어떻게 대처하느냐가 그 사회의 성격을 보여주는 중요한 척도인데, 군사정권은 '일단 눈에 띄지 않게 한다'는 것이 기조였어요. 그러다 보니 낙오자와 약자가 격리되어 어마어마하게 박해를 받았죠. 개신교 쪽에서 국가로부터 돈을 받아 수용소를 운영하는 시스템이 많았는데, 형제복지원만 해도 현재 밝혀진 사망자 수가 500명이에요. 삼청교육대의 공식적 사망자 수가 52명인데,• 그것의

• 1988년 국방부 국정감사 발표 자료에 따르면, 삼청교육대 현장 사망자는 52명, 후유증에 따른 사망자는 397명, 정신장애 등 상해자는 2,678명인 것으로 보고됐다.

10배인 거죠. 운영 기간이 삼청교육대보다 길다고는 하지만 일개 수용소에서 이런 일이 벌어진 거예요. 국가폭력의 민영화가 이루어진 거죠. 그 체제에 다른 어떤 종교보다 개신교가 많이 관여한 것 같고요.

새마을운동과 전도부인, 1970년대 간증의 정치

김진호 박정희정권의 새마을운동이란 일종의 간증의 정치라고 할 수 있습니다. 국정을 홍보하거나 국가 이데올로기를 전달하는 일을 새마을운동 지도자들이 했는데, 카리스마적 1인 통치자를 중심으로 농촌 사회를 통합하는 역할이었죠. 한국의 빠른 산업화 과정과 자원경제 배분 경쟁에서 살아남기 어려운 계층을 대상으로 국가는 구심력의 장치로서 새마을운동을 작동시켰고, 이와 유사하게 교회에는 '전도부인'이 있었어요. 그 와중에도 구심력이 잘 작용하지 않고 떨어져나가는 부분에 수용소 시스템이 있었던 것이고요.

1970~80년대 대거 등장한 여성 신비가들은 방언을 하고 병 치료를 하는 등 구마사 역할을 했습니다. 그 사람들이 교회에 오면 수십명의 신자들이 따라다녔어요. 신자 수가 20~30명이던 교회가 여성 집사의 등장으로 갑자기 100명이 되는 식이었죠. 늘어난 신자들은 신적 체험을 한 여성 집사에게 충성했기 때문에 목사와의 헤게모니 싸움이 벌어지는데, 제도권력을 당해내기는 쉽

지 않죠. 그래서 교회가 갈라지는 일이 수없이 일어났어요. 그것이 1970~80년대식 '전도부인'이에요. 1920~30년대 전도부인은 근대적 교육을 받은 젊은 여성 엘리트였는데, 1970~80년대에는 교육체계나 가족으로부터 소외된 중년 여성들이 신적 체험을 하면서 교회를 휘젓고 다녔죠. 그 덕분에 기독교는 성장을 했지만, 교회는 갈라지는 거예요. 이런 야생마 같은 여성들이 순복음교회에서는 '구역장'으로 순화되어, 간증을 통해 조용기의 리더십을 강화하는 역할을 했어요.*

한홍구 구역장이라는 감투를 줌으로써 체제 내에 포섭한 것이죠. 새마을운동이 제가 초등학생 무렵일 때 시작되었는데, 새마을운동 지도자 대회를 몇시간씩 중계해주곤 했어요. 그게 바로 교회식 간증이었어요. 시골에서 종의 딸로 태어나 아주 가난하고 배우지 못하며 자랐는데, 억척스럽게 살아갔고 동네의 새마을운동 부녀회장이 되어서 미신타파의 사명을 띠고 성황당도 때려 부수고 도박금지를 위해 양반 집 사랑방으로 쳐들어가 화투를 빼앗았다는 등의 이야기를 들은 게 아직도 기억 나요. 종의 딸이라는 신분을 가졌던 이가 수천명을 앞에 두고 울면서 간증을 하고 사람들은 그걸 들으며 박수를 치다니, 어마어마한 신분 상승이잖아요. 그걸 보

---

* 여의도순복음교회의 성장 요인을 '구역장' 제도로 설명하기도 한다. 우혜란「한국의 오순절-은사주의 운동에서 여성의 위치와 그 구조적 배경」,『종교와 문화』23, 2012, 37~80면 참조.

면서 희한한 정치라고 생각했죠.

나이 들어 생각해보니 그런 간증의 정치가 국가에서 개인들의 성취욕·권력욕을 동원하는 데 큰 동력이 되었겠구나 싶었어요. 구역장 제도로 전도부인을 활용하려 한 순복음교회의 전략도 탁월했던 것 같아요.

김진호 다소 도식적으로 정리하면, 1960년대를 포함해 1970~80년 대에 반지성주의의 장소로 개신교의 경우 도시 교회와 산기도원이 있었습니다. 도시 교회에서는 조용기 현상이 일어났죠. 성장주의 제도와 담론이 날개를 펴면서 근본주의적 신앙이 아니라 혼합주의적 신앙이 활발하게 일어나던 시대에 도시 교회에는 카리스마적 리더가 있었고, 전도부인 같은 현장 조직가들이 반지성주의적 장소인 교회를 통해서 국가와 함께 움직였죠. 박정희는 개신교신자가 아니지만 개신교는 박정희 권력화의 동조자였어요.

한홍구 박정희정권 시기에 개신교가 가장 많이 팽창했지요.

'최태민 현상'이 말해주는 것

김진호 근본주의적인 상층 엘리트 기독교인들이 박정희와 공조했고, 이를테면 조찬기도회를 연다든가 박정희의 대미 외교에 협조한다든가 하는 방식으로 참여했죠. 최태민(崔太敏)처럼 혼합주의적인 성향이 강한 개신교 엘리트들은 대중을 동원했고요. 산업사회가 포용하지 못하는 대중을 끌어들이는, 일종의 체제 구심점의 역할을 한 것이죠.

한홍구 최태민은 결이 좀 다르지 않나 싶어요. 조용기나 박태선이나 나운몽 같은 경우는 지금 말씀하신 측면이 있지만, 최태민은 기독교를 이용해서 끌어모은 층이 정말 밑바닥에서 소외된 사람들보다는 어느정도 돈도 있고, 권력 주변에 있으면서 그 권력을 좀더 키우려고 하는 사람들인 경우가 많았어요. 최태민은 기독교를 가지고 설명하기보다는 권력을 가지고 설명해야 하지 않을까 싶어요.

최태민은 1970년대 초부터 유사 종교인 영세교를 이끌다가, 그 유사 종교로는 박근혜를 세우고 자원을 동원하는 데 한계가 있다 싶어서 1975년 목사로 옷을 갈아입어요. 그러면서 십자군 논리를 차용하죠. 최태민은 구국십자군을 만들었을 때 자기 스스로 총장을 맡았고, 단장을 강신명(姜信明) 목사가 했어요. 강신명은 젊었을 때부터 기독교계에서 신망을 받았고 영향력을 행사했던 인물인데, 그가 어떻게 그곳에 가서 단장을 했을까 하는 의구심이 들었죠. 그밖에도 나름대로 기독교계에서 유명한 사람들이 거기에 가서 사단장 군복 비슷한 것을 입고 계급장을 끼우고 다녔어요. 그 구국십자군이 너무 기독교 냄새가 난다고 해서 '구국봉사단' '새마을봉사단'으로 변했지만, 그 연장선상에서 탄핵 때 '박근혜 십자군'까지 나온 것 아니겠습니까? 대표적으로 십자군이 반지성주의적이고 군사적인 선교 의식을 담고 있잖아요.

거기서 놀라운 부분은 최태민의 기민함보다 최태민이 사기꾼이라는 것을 뻔히 알았을 텐데도 한국의 개신교가 그를 내세워 구국선교단이나 봉사단으로 세를 떨쳤다는 점이에요. 그 부분이 한국 개신교의 약함을 보여주는 것 아닌가 싶습니다. 조용기도 주류 기독교에서 수용될 수 없는 배경을 갖고 있었지만 주류 기독교로 다가가거든요. 조용기는 엄청난 성공의 결과 주류 기독교가 그를 배척할 수 없어 손을 잡게 된 거라면, 최태민은 처음부터 사기를 치는 그 현장에 주류 기독교에서 상당한 지분을 가지고 있던 사람들이 확 몰렸다는 점이 달라요.

김진호 조용기만큼은 아니지만 최태민도 무속인으로서 어느정도 성공했고 목사로서도 성공한 사람이었어요. 대중을 끌어들이는 데 탁월한 능력을 발휘했던 거죠. 중요한 것은 조용기 현상 같은 대중신비주의운동이 주류 기독교와 섞이는 과정이 있었기에 최태민 같은 이도 국지적인 성공 신화를 이룩하면서 군소 교단에서 총회장도 역임할 수 있었고, 박근혜나 개신교의 목사들을 자기 편으로 만들어낼 수 있었다는 거예요.

한홍구 최태민 현상을 이해할 때 또 하나 변수로 이야기해야 할 것이 있습니다. 우리가 지금까지 개신교에 대해 부정적인 이야기를 많이 했지만 우리 사회에서 개신교가 중요한 역할을 했잖아요. 대표적인 것이 1960년대 말부터 1980년대 초반까지의 기독교민주화운동이죠. 또 노동운동 쪽에서도 상당히 결정적인 역할을 했어요. 학생운동에서도 민청학련(전국민주청년학생총연맹) 사건을 보면 KSCF(한국기독학생회총연맹) 계열이 큰 비중을 차지하고 있지 않습니까? 기독교민주화운동의 물결이 상당히 거세게 올라오고 있을 때 최태민을 내세워서 반공과 친유신적 힘을 끄집어낸 것이죠. 그가 박근혜와 연결되어 있으니까 반공적인 주류 기독교에서 받아들였던 것 같고요. 강신명 목사야 이권 때문에 가진 않았겠죠. 그렇지만 다른 많은 목사들은 이권을 위해 군복을 입고 유격훈련까지 받았던 게 아닌가 싶어요.

김진호 1940~50년대 개신교 지도자들의 신앙은 매우 정치적이었던 데 반해, 1960~80년대에는 정교분리 담론이 부각되면서 목사들의 탈정치화 현상이 두드러졌지요. 정치적인 행보를 하면서도 정치적 행보에 대한 공공연한 거부감이 내부에 있었던 거예요.

그런데 이 중에서도 노골적으로 정치 노선을 취하는 사람들이 필요했잖아요. 최태민이 그런 인물이었고요. 행동주의적인 그룹과 뒤에서 나름대로의 종교적 포지션을 지키고 싶어하면서 은밀하게 협력하는 그룹으로 폭넓은 스펙트럼을 갖고 있었다고 봐요. 대개 주류 그룹은 정치에 직접 참여하는 데 거부감을 갖고 있었기 때문에 최태민 같은 사람이 필요하지 않았나 싶습니다.

한홍구 유신 국가권력이 최태민을 선택한 것은 아니었어요. 1975~76년까지는 그랬을지 모르지만 1977년쯤 되면 최태민이 언론에서 사라지고, 중앙정보부에서 그의 비리를 조사하는 등 유신정권이 견제를 많이 했죠. 박근혜가 감싸고 돌아 결정적인 조치를 취하진 못했지만, 정권이 굉장히 골치 아파했던 것이 사실인 듯해요. 그럼에도 여전히 박근혜를 꽉 쥐고 있었기 때문에 밖에서 국가권력을 등에 업은 것처럼 행사할 수 있었던 것 같아요.

개인적인 관계도 있었지만 최태민이 처음 등장해서 박근혜를 사로잡은 계기가 집회였어요. 바로 1975년 5월 임진각에서 열린 기도회였다고 해요. 3,000명이 모인 집회였고 대중이 열광적으로 환호하는 모습에 박근혜가 사로잡혔다는 거죠. 반지성주의적인 기독교의 열광적 분위기 속에서 반공주의를 통해 박근혜를 끌어들여 끌고 간 측면이 있어요.

다만 박근혜를 포섭하는 데서는 그런 장치를 이용할 수 있었지만, 기독교계에 상당히 영향력있는 목사들이 최태민 아래로 들어간 것은 반지성주의와는 다른 차원에서 설명해야 하지 않을까 싶어 제가 의문을 제기했던 것이고요.

김진호 최태민과 같은 배경의 사람들이 기독교 주류에 침입하는 사례가 그 시기에 굉장히 많았어요. 무속인이었던 사람이 교회 목사가 되는 식으로요.

한홍구 최태민은 예전에 자기는 중이었다, 나중에 예수님의 가르침을 깨달았다고 말했죠. 그런데 최태민처럼 자기 경력을 감추지 않은 경우도 많았나요?

김진호 신학교육 체계가 개신교의 팽창 속도를 못 따라갔기 때문에 그런 사람이 많을 수밖에 없었어요. 최태민처럼 대중에 대한 흡인력을 지닌 부흥사 기질의 사람들은 신학교육 체계가 아닌 다른 통로를 통해 탄생한 경우가 많았어요. 그런 분위기 속에서 최태민이라는 인물이 기독교계의 인물로 발탁될 수 있었던 것이죠.

한홍구 최태민이라는 인물이 예외적인 것이 아니라, 일련의 흐름이 존재했고 그중에서 가장 성공적으로 정치권력에 편입한 사례가 최태민이라는 뜻인가요?

김진호 최태민은 정치적으로 자기가 어떻게 해야 하는지 탁월하게 알고 있었던 것이죠. 그렇긴 하지만 신학교육을 받고 신학교에서 교회 '인턴' 과정을 통해 성장한 것이 아니라 부흥사적 자질과 성취 능력을 가지고 단번에 기독교계 주류로 진입한 사람들은 최태민 이외에도 많았어요. 그러한 가능성의 공간이 존재했고, 1970~80년대 산업화시대에 성공하지 못하는 사람들을 흡인할 수 있는 장치가 미비하던 시절, 그 사람들 언저리에서 활동하던 인물들 가운데 이런 사례가 많이 나타난 것 아닌가 하는 이야기를 드리고 싶었습니다.

　물론 앞서 말씀하신 대로 최태민을 그런 프레임으로만 볼 수 없다는 데 공감합니다. 하지만 최태민의 성공사 이면에는 반지성주의가 풍미하던 시대에 개신교의 부조리함이 있었다는 것을 간과할 수 없다는 얘기죠.

박근혜와 태극기부대

김진호 최태민 얘기가 나왔으니 박근혜 현상을 이어서 짚어보면 좋겠습니다. 박근혜는 엄밀한 기독교인은 아니에요. 가톨릭 신자라고 하지만 애매하잖아요. 가톨릭은 영세를 받으면 교황청에까지 자동적으로 이름이 올라가고 성당에 나오지 않아도 신자로 간주되니까요.

한홍구 박근혜는 성당을 열심히 다닌 것 같지는 않고 가톨릭 재단에서 운영하는 성심여고를 나온 거죠. 개신교 쪽으로는 장로회신학대학교 대학원에 잠시 다녔다고 하고요.

김진호 그렇게 개신교와 연결된 부분도 있고, 종교적으로 뒤섞여 있는 측면이 있어요. 박근혜는 혼합주의적 성격을 가진 사람이고, 특정 종교를 후원해주는 역할은 아니었던 것 같습니다. 극우 군부 세력이라든지 한기총(한국기독교총연합회)으로 대변되는 극우 기독교 세력의 지지를 받았고, 다양한 극우파 학자 등 극우층이 결속되는 지점에 있었지만, 동시에 대중의 맹목적 지지라는 기반도 갖고 있었죠. 박근혜에게만 충심을 다하는 극우가 많잖아요. 한국의 국가 형성 과정에서 공안검사나 군부 엘리트처럼 극우적이기 때문에 엘리트가 될 수 있는 사람들이 존재했는데 또한 동시에 엘리트가 아님에도 극우적인 성향의 사람들이 많죠. 저는 반지성주의와 박근혜를 연결지어 논의해보고 싶어요.

한홍구 한국의 경우 반공만 부르짖는 아스팔트 우파만을 극우라 칭한다면 그와는 결이 다르지만, 전세계적으로 극우 정치운동의 대중적 기반이 복고적이고 반동적인 세력들이죠. 극우는 근대성의 여러 장치를 가장 접하지 못한 층이기도 해요. 제가 김일성을 중심으로 한 항일독립투쟁을 주제로 박사학위 논문을 썼는데,[*] 3대 세습을 가능하게 한 김일성의 핵심 지지층에게서도 그런 복고적·반동적 성격을 찾을 수 있습니다. 박근혜가 그런 면에서는 반지성주의의 화신 같은 역할을 한 부분이 분명히 있죠.

물론 박근혜가 대통령이 될 때는 분명히 극우 엘리트의 지지도 받았어요. 이를 대표하는 사람이 김기춘(金淇春)이고요. 그런데 박근혜 몰락의 분기점이 김기춘과 박근혜가 갈라지기 시작한 시점 아니겠습니까. 그 유명한 '세월호 7시간' 발언이 김기춘의 입에서 나왔잖아요. 어느 기자가 취재해서 폭로한 것이 아니고요. 국회 질의응답 시간에 김기춘이 짜증스러운 표정으로 '대통령이 어디 있는지 나도 몰랐다'라고 하자 질문했던 사람들과 듣던 사람들이 다 어이없어했죠. 박근혜가 최순실에게 놀아나는 반지성주의적 모습이 적나라하게 드러난 순간이었다고 봅니다.

박근혜를 지지했던 여러 층 가운데 콘크리트 지지층이라 할 만한 세력이 있어요. 보수 후보가 나오면 우익들이 결집하지만 그럼에도 박근혜만이 보유한 지지층이 있죠. 다른 우파 지도자들이 갖

● Hong-koo Han, "Wounded Nationalism: The Minseangdan Incident and Kim Il-Sung in Eastern Manchuria," PhD diss., University of Washington 1999.

지 못한 박근혜의 흡인력이라고 설명할 수 있는데, 흔히 '박정희의 딸'이라는 점과 '가없은 가족사'라는 요인을 들죠.

김진호 박정희가 죽고 나서 한동안 한국의 대중적 메시아니즘이 잘 작동되지 않다가 1997년 대선 무렵 다시 발흥기가 찾아온 것 같아요.

한홍구 최초의 문민정부를 내세운 김영삼을 어떻게 볼 것인지에 관한 정치적 평가는 갈릴 수 있지만, 노태우(盧泰愚)에서 김영삼으로 정권이 바뀐 것은 상당한 의미가 있었어요. 김영삼정권 초기에는 사회 분위기도 밝고 기대에 차서 정치가 세차게 잘 돌아갔어요. 하나회 숙청은 사람들이 깜짝 놀란 사건이죠. 김대중(金大中)을 뽑았던 사람들도 '김대중이 대통령 됐으면 이런 거 못해, 김영삼이니까 이런 걸 하지'라면서 김영삼을 지지하는 분위기가 있었어요. 그게 불과 3~4년 만에 절망을 넘어 환멸로 바뀌고 IMF 사태가 터진 거죠. 한국전쟁 이후 가장 어렵고 참담했던 시기를 맞이했고, 박근혜가 그때 등장했어요.

김진호 메시아니즘이 발흥하기 위한 세가지 조건이 있는데, 첫째는 방금 말씀하신 사회적 여건이에요. 절망은 깊은데 절망에서 벗어날 가능성은 보이지 않는 것, 미래 비전의 붕괴. 둘째는 메시아니즘을 퍼뜨리는 예언자들의 등장입니다. 당시 김정렴의 박정희 회고록 『아, 박정희』(중앙m&b 1997)가 엄청나게 팔렸죠. 발간된 지

2주 만에 5만부가 팔렸어요. 조갑제의 『내 무덤에 침을 뱉어라』 시리즈(조선일보사 1998~2001)는 3년간 거의 600회를 연재한 전무후무한 연재물이었고 그만큼 파급력도 강력했죠. 그리고 스타작가인 이인화의 『인간의 길』(살림 1997) 세 권 중 두 권도 그 무렵에 나왔어요. 박정희를 메시아적 존재로 표상하는 담론이 등장한 거예요.

이때 바로 세번째 요인인 '메시아로 매칭될 수 있는 지도자'가 필요했는데, 박정희는 죽었으니 그를 대체할 누군가가 있어야 했죠. 이인제(李仁濟)처럼 박정희와 비슷한 머리모양을 하는 등 여러 정치인들이 어떤 식으로든 박정희와 연결점을 만들어내려고 애썼어요. 당시 '한국 최고의 인물'을 묻는 여론조사에서 52.1퍼센트의 압도적 수치로 박정희가 꼽혔죠(『월간조선』 1999.12). 정치인 선호도에 관한 거의 모든 조사에서 단연 1위였고요. 결국 2012년 박정희의 딸, 박근혜가 대통령 후보로 등장했을 때 메시아 담론이 불꽃을 일으켰습니다.

흥미로운 건 그해에 조선의 대표적 묵시록인 『격암유록(格菴遺錄)』이 번역·출간되었고, 거기에 등장하는 메시아인 '정도령'을 박근혜로 해석하는 예언서들이 등장했다는 거예요. 과거 박태선 메시아니즘이 휩쓸아칠 때 혼합주의적인 신자들 사이에서 그를 새로운 정도령으로 해석하려는 움직임이 있었는데, 혼합주의적 신자들이 박근혜에 대해서도 새로운 정도령이라며 같은 주장을 편 거죠. 박정희와 가장 닮은 존재로 박근혜를 지목하는 주장과 함께, 박정희-박근혜를 메시아적 존재로 해석하려는 시도가 무수히 제기되었습니다.

앞서 지적하셨듯 김기춘 등 극우 반공주의적 엘리트가 박근혜 정권에서 한 축을 담당했다면, 또다른 축에는 동원된 대중이 있었어요. 도시의 교육받은 대중이 아니라 한국사회의 산업화 시기나 민주화 시기에 상대적으로 소외된, 나이도 많고 박정희에 대한 향수도 있고 사회적으로 성공하지 못한 데 대한 절망감도 있는 사람들을 박근혜가 결속시킨 거죠. 박근혜정권의 탄생에는 반지성주의가 한몫을 한 것 같아요.

한홍구 그렇습니다. 박근혜가 끌어내려진 이후 그 사람들이 어떻게 될 것인가? 이들이 지성을 회복할 것인가, 아니면 존재는 하되 정치적으로 결집되지 못한 채 흩어져버리고 말 것인가? 의미없는 정치세력이 될 것인가? 지금은 그 사람들의 저항이 보이고 있지만 우파의 어떤 지도자가 나와서 어떻게 대처하느냐가 중요할 텐데, 이 세력이 미래지향적인 세력은 결코 아니죠. 한국사회에서 민주개혁 진영이 잘해나가고 보수에서 괜찮은 지도자가 나타난다면 흩어져버릴 거예요.

아직 문재인정부는 큰 과오 없이 대중의 높은 지지를 받고 있지만, 보수진영이 어찌 될지는 잘 모르겠어요. 박근혜가 무너지고 우리나라의 극우세력들이 완전히 파탄이 났기 때문에 새로운 보수가 나와야 하는데 바른정당은 흔들리고 있고 안철수(安哲秀)라는 인물도 보수의 대안으로 등장한 것이 아니고요. 이러지도 저러지도 못하고 있는 상황이니 좀더 지켜봐야 할 것 같습니다.

김진호 박근혜 지배 동맹이 붕괴되면서 이탈해간 그룹 가운데 극우적이지는 않은, 바른정당으로 표상되는 중간적 보수도 있고, 비슷한 성향의 웰빙형 대형교회 신자들도 적잖이 있습니다. 극우화된 대형교회들도 노골적으로 박근혜를 지지하는 것은 망설이고 있고요. 수많은 권력 집단들이 박근혜 지배 동맹으로부터 일정한 거리를 두고 있죠. 하지만 여전히 박근혜에 대한 충성심을 가진 집단이 꽤나 존재하고, 그중 상당수가 자유한국당의 지지 기반이 되고 있는 것 같아요. 이들은 자유한국당이 박근혜를 멀리할 때는 비판하면서도, 박근혜를 지켜주는 역할을 할 때는 지지해주고요. 그중 일부는 태극기 집회 참여자들과 겹치는 듯합니다.

한홍구 산기도원이 길을 잃거나 해체되어서 그런 이들이 아스팔트 지지층으로 나왔다는 말씀을 하신 바 있죠(김진호「'태극기집회'와 개신교 우파」,『황해문화』95, 2017). 산기도원을 지탱해줄 수 있는 돈의 유입이 단절된 탓인가요?

김진호 제 추측은 그렇습니다. 물론 산기도원 자체는 정치세력화되지 않았어요. 산기도원은 1990년대 중반 무렵부터 해체되는 게 가속화되었고요.

도시의 교회들이 신자들을 더이상 산기도원으로 보내지 않았고, 신자들도 산기도원을 필요로 하지 않았어요. 개신교인들의 교육 수준이 높아지면서 도시 안에서 교회가 정기적으로 열던 부흥회도 거의 없어졌죠. 사람들은 위로받는 프로그램에 참여하고 싶어하지, 부흥회에 참여해서 난장을 체험하고 싶어하지는 않게 된 거예요. 그러자 목사는 산기도원과 자기를 매칭하면서 권력을 유지하려는 노력을 덜 기울이게 됐어요. 그러니 산기도원의 자립적인 요소들이 상당히 약해진 것이고요. 산기도원을 유지할 수 없으니까 자꾸만 해체되었고, 그 언저리에 살던 사람들이 오갈 데 없어졌죠. 시기상 산기도원이 사라진 시기와 거리의 전도자가 등장한 시기가 겹쳐요. 그들의 담론 양식이 유사하고요.

한홍구 거리의 전도자란 '예수천국 불신지옥'을 표방하는 사람들을 말씀하시는 건가요? 누가 돈을 주어서 연명하고 있는 것인지 궁금하더라고요.

김진호 네, 그들을 주류 교회로 흡수하지 못한 거예요. 목사들은 불편해하고, 가족들도 이 사람들을 감당하지 못하고요. 그들을 포용한 것이 박사모(박근혜를 사랑하는 사람들의 모임) 같은 공간이 아니었을까 합니다.
　제가 두분 정도 인터뷰를 한 적이 있어요. 그분들의 생애사적 궤적이 비슷했어요. 가족을 떠나 장기간 기거하던 산기도원에서 내려와 도시의 가족에게로 갔는데 아내도 자식도 그들을 받아들이지 못했어요. 집을 나와서 쪽방에 거주했는데 아무도 그들에게 말을 걸어주지 않았죠. 하루 종일 아무 말도 안 했대요. 그들은 도시 교회에 나가기 시작했는데, 교회에서도 그들을, 그들의 말과 행동을 버거워했어요. 그래서 그들은 거리의 전도자로서 복음의 진

리라고 생각하는 것을 외쳤는데 아무도 거들떠보지 않았고 심지어 사람들과 자주 트러블이 생겼죠.

국가가 노인들에게 주는 돈으로 근근이 살면서, 가끔씩 알바 자리가 생기면 그게 박사모 집회인 거예요. 거기에 가면 말이 통하는 사람들이 있고요. 그러면서 스스로 격려를 받았던 것 같아요. 약간의 돈도 생기고 이야기할 거리와 동료도 생긴 거죠. 제 생각에는 그들을 수용할 수 있는 자리가 우리 사회에 별로 없는데, 우연인지 어떤지 모르겠지만 박근혜 메시아니즘과 결합된 장소가 그런 노인들을 흡수할 수 있는 공간이 된 것 아닌가 합니다. 즉 박근혜 지지층 가운데 가장 견고하고 가장 맹목적인 이들 속에는 산기도원에서 시작해 박사모로 이어지는 행보를 했던, 즉 반지성주의적 메시아니즘으로 박근혜와 결합되었던 이들이 있다고 봐요.

한홍구 새로운 민주주의로 가야 하는 시기에, 과거에 그렇게 산기도원에 있다가 도시로 몰려나온 그 사람들을 위한 대책은 어떤 게 있을 수 있을까요? 기존의 제도화된 교회는 해외 선교만 하고 있는데, 심각한 사회문제이자 기독교 영역 안쪽에 있는 이 문제에 대해서는 어떤 입장을 취해야 할까요?

김진호 문재인정부가 노인복지에 방점을 두고 있잖아요. 그게 하나의 대안이 될 것 같기는 합니다. 그분들은 일단 말을 걸어주는 것이 필요한데, 자기들과 말이 통하는 사람들이 계속 극우주의 담론을 재생산하는 사람들이니까요. 그분들을 만나서 얘기해보면 반드시 극우적인 면만 있지는 않은데, 그런 쪽으로만 비칠 수밖에 없는 것은 그분들이 말을 하는 장소가 거기밖에 없기 때문이에요.

저는 노인 문제의 하나로 태극기 현상이 있는 것 같고, 그런 측면에서 태극기 집회에 참여한 극우적 반지성주의자들은 한국사회 권력화에 아무 역할을 못할 것 같아요. 자유한국당 등에서 주변적인 역할을 하며, 저항적 메시아니즘을 담지하는 소수로 남지 않을까 합니다. 노령화된 이들이기 때문에 그들이 물리적인 힘을 갖추기는 어려우리라고 봅니다. 저는 개인적으로 우리 사회가 태극기 집회 등의 세력에게 보이는 과잉반응이 더 문제일 수 있다는 생각이 들어요. 어떻게 보면 우리 사회의 이데올로기 문제가 아니라 사회적 문제가 이데올로기로 표출된 것 아닌가 합니다.

한홍구 사실 사회 문제가 표출되는 주된 공간이 이데올로기죠.

김진호 그들이 이데올로기를 통해서 성공할 가능성은 별로 없어요. 그들 자신도 힘을 갖지 못하고 있고요. 권력이라는 차원에서 특별히 주목할 필요는 없을 것 같아요. 요즘 청년 문제가 심각해지니 청년 극우도 생기잖아요. 사회적 권력화라는 측면에서 돌아봐야 할 문제이기는 하나, 태극기 집회가 마치 우리 사회의 권력을 형성하는 중요한 변수인 것처럼 읽으려고 하는 시도들은 방향을 잘못 잡은 것이 아닐까 생각해요.

한홍구 보수파 쪽에서 방어할 수단이 없으니까 촛불집회와 대비되는 세력처럼 만든 게 태극기 집회인데, 둘을 대등하게 보는 건 말이 안 되죠. 그런데 태극기 집회에서 놀란 점은 전부 동원된 사람들이라 여겼지만 동원이 아닌 경우가 의외로 많다는 사실이었죠. 그분들이 소외감과 박탈감에서 하려는 말을 껴안고 가면서, 그 결핍을 어떻게 해소할지 고민해야 할 것 같아요. 사회문제로 인식하는 것이 필요하고요. 지난 수십년 동안 반지성주의를 조장하는 흐름이 이어졌고 그 반지성주의가 더이상 먹혀들 수 없는 사회가 되었을 때 남는 부분이 바로 그분들인데, 이분들의 자연적인 생명이 앞으로 20~30년 정도 남아 있죠. 제 또래도 있는 것 같아요. 반드시 70~80대만이 아니고요.

광장과 교회의 메시아니즘

김진호 태극기 집회의 반대편에 촛불집회가 있었죠. 그런데 '효순이·미선이' '광우병 소고기' '박근혜 탄핵' 등 광상의 촛불집회 역시 한편으로 '광기'와 연결되는 부분이 있습니다. '광장의 광기'와 앞서 말한 '교회의 광기'는 근본적으로 혹은 질적으로 다르다고 볼 수 있는 걸까요?

한홍구 촛불집회는 비교적 새로운 현상인데, 거기에도 반지성주의적 측면이 있는 것은 사실입니다. 전혀 없다고 이야기할 수는 없어요. 하지만 그것과 오늘 우리가 이야기한 반지성주의를 등치하는 것은 곤란하지 않은가 생각합니다. 상당히 이성적인 기획을 가진 사람들이 중심이 되어 모인 것이고 전체적인 흐름에서는 건강한 측면이 훨씬 더 큽니다. 다만 그 운영 과정에서 잠재적으로 위험할 수 있는 반지성적 요소들이 여러군데 보이죠.

일례로 노동문제를 제기하는 것을 굉장히 불편해하고 억압하는 사람들이 있어요. 노동문제를 제기하면 '문재인이 만만한가? 이명박 때는 가만있다가 좋은 세상 되니까 이제야 나서나?'라는 식의 이야기, 노동계가 문재인의 발목을 잡는다는 식의 이야기를 하는 사람들 말이에요. 현실적으로 문재인 대통령을 적극 지지하는 사람들은 진보적으로 10퍼센트 안에 드는 사람들일 거예요. 그런데도 이런 모습을 보이죠. 저도 민주노총(전국민주노동조합총연맹)이 잘못하는 게 많다고 생각하지만, 조직적인 노동에 대한 수구언론과 보수세력이 만들어놓은 담론이 굉장히 많이 퍼져 있어 민주노총에 대해 비난하기 쉬운 토양이기도 해요. 노동과 자본, 노동과 국가의 문제로 보지 않고 노-노 갈등으로 보는 반지성적 요소가 촛불세력 안에도 분명히 있습니다.

그렇다고 해서 이를 교회의 광기라든지 국가폭력의 광기와 같은 차원에서 이야기할 수 있을까요? 무엇이든 극악하게 발현하면 그런 광기를 보이지 말라는 법은 없지만, 우리 대중에게 자정장치가 있으리라고 봐요.

그런 광기의 요소는 어디에나 있다고 생각해요. 한국 기독교의 문제점은 '왜 그것이 폭발하도록 놔두었는가'이고요. '이 광기를 통제할 수 있는 기독교 자체의 이성이나 지성은 어디로 갔는가'라는 부분이 비판할 지점이겠죠. 광기의 요소가 있다는 것 자체만 가지고 그것을 너무 극단화하는 것은 조금 중심을 잃은 비판일 수 있다고 생각합니다.

김진호 저도 그 말씀에 공감하지만, 그럼에도 말씀하신 자정장치를 강화하기 위한 문제제기와 모색이 필요하다고 봅니다. 그래서 부정적인 측면을 강조해서 이야기하고자 합니다.

반지성주의는 지성이 없다는 뜻이 아니라 지성에 대한 믿음의 붕괴를 의미하잖아요. 1980년대에는 지성에 대한 믿음이 과하게 존재했죠. 세계가 바뀌리라는 믿음이 있었고요. 지금은 많은 사람들이 어떻게 바뀔지에 대한 기획을 신뢰하지 않아요. 지금은 미래를 변화시킬 기획이나 프로그램보다 특정 인물에 대한 믿음이 강하고, 저는 그 점이 불길한 조짐으로 느껴집니다.

최근 이국종 교수(아주대학교 병원 중증의료센터장)를 둘러싼 사태를 보면 과거 황우석 사태를 보는 느낌을 받아요. 2017년 11월 공동경비구역(JSA)을 통해 귀순한 북한군 병사를 치료하고, 기자회견에서 그의 신체 상태에 대해 자세하게 공개한 이국종 교수를 향해 김종대(金鍾大) 정의당 의원이 의료윤리 위반 문제를 제기했죠. '기자회견에서 총격으로 인한 외상과 무관한 이전의 질병 내용, 예컨대 내장에 가득 찬 기생충을 마치 눈으로 보는 것처럼 생생하게 묘사했고, 소장의 분변, 위장에 든 옥수수까지 다 말씀해 언론에 보도되도록 했다' '의료법을 심각하게 위반한 것 아닌지 우려된다'라고요. 김종대 의원이 타당한 문제제기를 했는데, 토론되는 것이 아니라 문제제기한 사람을 매도하는 방식으로 논의가 확산되었죠. 이런 식의 담론화 과정이 지금 우리 사회의 촛불 속에 있다고 봅니다. 이 촛불이 어떻게 자정되는지는 잘 안 보여요. 이렇게 누군가를 매도하는 방식으로 계속 갈 것 같아요.

한홍구 저도 직접 겪어본 사람이지만, 그래도 길게 한국 역사에서 보면 시차는 있을지라도 자정장치를 만들어낼 수 있지 않을까 생각합니다. 우리가 박근혜를 끌어내릴 수 있으리라고는 상상도 못했잖아요. 탄핵하지 않았다면 아직도 박근혜 밑에서 이번 선거에서 박근혜의 당을 이길 수 있을까를 걱정해야 했을지 모르죠.

과거에는 발언권을 얻기 어려웠지만 인터넷 공간에서 누구나 아무 이야기든 할 수 있게 되면서 상처받은 사람들의 발언이 아주 거칠게 쏟아져 나오는 양상이 이어지고 있죠. 그럼에도 역사가 진보하는 측면이 있잖아요. '과거의 광기를 제어하고 이성적인 프로그램을 작동하는 장치가 어떻게 무너졌는가'를 오늘의 주제로 본다면, 교회에서는 왜 그런 장치가 사라졌으며, 일반 시민사회에서 광기가 번져나가지 않도록 막는 해독제를 어떻게 길러갈 것인지를 고민해야 할 거예요.

김진호 저는 현재 이런 촛불 대중으로 표상되는 대중 정치의 공간이 일종의 메시아니즘적 공간이라고 생각해요. 반지성주의적 열망이 응축되어 있고, 이를 정치적 자원으로 삼는 게임이 여당과 야당에서 모두 일어나고 있는 것 같아요. 대통령에게도 부분적으로 있고요. 메시아니즘의 정치화는 굉장한 힘을 갖고 있지만 다른 한편으로 굉장히 불온한 측면도 있다고 봅니다. 그래서 대중적 비평이 살아남아야 해요. 대중으로부터 엄청난 비난을 받았지만 김종대 의원에게서 그런 대중적 비평의 흔적을 엿볼 수 있었어요.

만약 그런 비평이 부재하다면, 혹은 비평의 공간이 사라진다면 촛불정치도 불온한 권력화의 길을 갈 우려가 충분하다고 생각해요. 과거 노무현(盧武鉉) 현상에 대해서도 마찬가지인데, 그를 지지했던 대중이 스스로 비평의 공간을 협소하게 만든 측면도 있다고 봅니다.

한홍구 그때의 실패를 반복하고 싶지 않은 두려움이 사람들에게 있죠. 노무현이라는, 기대를 많이 가졌던 인물의 비극적 죽음을 체험했잖아요. 이는 단지 개인의 비극적 죽음이 아니었죠. 노무현의 개혁이 실패한 그 지점에서 '헬조선' '흙수저'라는 인식이 등장한 것 아닙니까? 노무현이 부자 부모가 아니어도 좋은 대학에 가고 사장도 될 수 있는 좋은 세상, 정의로운 세상을 만들어보자고 했다가 실패한 결과가 헬조선이잖아요. 이에 대한 복합적인 두려움이 문재인정부를 비판하지 못하게 만드는 장치로 작용하고 있는데, 그 두려움 자체는 건강한 것이지만 그게 작동되는 방식은 저도 문제가 있다고 생각합니다.

김진호 교회는 사실 촛불에 큰 기여를 안 했어요. 적잖은 이들이 열심히 했지만 별로 영향력이 없었죠. 또 교회는 현재의 지형에서 하나의 비평 공간으로 자리 잡기도 어려울 것으로 보여요. 하지만 개신교 진보 그룹 안에서 누군가는 촛불을 전유해 촛불의 권력화에 한몫할 수도 있다는 우려를 지울 수는 없어요.

한홍구 교회에 대해서 시민사회는 지금 큰 기대를 안 해요. 1970년대 어려운 시절에 빛과 소금이었던 교회, 특히 대형교회는 도리어 태극기 집회에 기여했죠.

김진호 말씀하신 대로 열심히 참여하기는 했지만 진보적 개신교의 역할은 미미했고, 반면 극우적 대형교회나 일부 극우 목사들의 행보는 우려할 만했어요. 그런 점에서 개신교에 대한 비판적 문제제기가 더욱 필요합니다.

촛불을 전유해 촛불의 권력화에 가담할 수 있는 개신교 좌파의 행보를 비판적 시선으로 감시해야 한다는 점을 강조하고 싶어요. 보수든 진보든 개신교가 대중에 대한 설득이라는 부분에서 실패하고 있는 것이 사실이지만 여전히 사회적 자원을 많이 보유하고 있기 때문에, 촛불정치가 제도화될 때 거기에 좋든 나쁘든 영향을 미칠 가능성은 충분합니다. 하지만 신학대학이나 교회에서 비평은 그리 활성화되어 있지 못해요. 무엇보다 개신교는 진보든 보수든, 대중이든 엘리트든 반지성주의가 너무 강하죠. 일반 시민사회도 비슷하지만 개신교는 그 정도가 좀더 심하고 자정능력이 빈약한 듯해요. 현재 개신교 지형에서 저희 같은 비평의 전문가들이 더 노력해야겠죠.

지금까지 개신교에서 반지성주의와 권력의 문제가 어떻게 연동해 작동되는지에 관해 이야기를 나누었습니다. 저나 한 선생님에게는 꽤 유익했는데 독자들께도 그만큼 유용했을지 모르겠습니다. 그렇기를 바라면서 대담을 마치겠습니다. 오늘 이야기 나눠주셔서 감사합니다.

한홍구 고생하셨습니다. 감사합니다.

4장

대담/
김응교
金應敎

욕망의 하나님 나라
― 교회 공동체의
신뢰 회복을 위하여

시인·문학평론가. 숙명여자대학교 기초교양대학 교수. 연세대학교 신학과를 졸업하고 국문과에서 박사학위를 받았다. 1987년 『분단시대』에 시를 발표하고 1990년 『한길문학』 신인상을 받았다. 토오꾜오 외국어대학을 거쳐 토오꾜오 대학원에서 비교문학·비교문화를 연구했고, 와세다 대학 객원교수를 지냈다. 지은 책으로 시집 『씨앗/통조림』 『부러진 나무에 귀를 대면』, 평론집 『처럼: 시로 만나는 윤동주』 『그늘: 문학과 숨은 신』 『곁으로: 문학의 공간』 등이 있다. CBS TV 「크리스천 NOW」, 국민 라디오 「김응교의 일시적 순간」 등을 진행했다.

부패한 개신교의 이름 '개독'

김진호 박근혜정권이 탄핵당한 것은 정권에 대한 탄핵이기도 하지만, 건국 이후 한국사회를 주도해왔던 보수주의체제에 대한 탄핵이라는 생각도 듭니다. 보수주의 권력을 적절하게 활용하지 못한 데 대한 국민적 성토인 것이죠. 그 보수주의 권력의 중심에 한국 개신교가 있습니다. 개신교가 그런 권력을 만들어내는 일도 했고 보수주의체제로부터 권력을 부여받기도 했죠. 그런 맥락에서 한국 개신교의 총괄적인 모습을 검토하고, 개혁은 어떻게 가능할지 말씀 나누고 싶습니다.

　선생님은 시인이기도 하고 문학비평가이기도 하고, 특히 윤동주(尹東柱) 문학에 관한 둘도 없는 전문가이시죠. 늘 제가 관심있게 보는 것은 '아무리 대학 때 신학을 전공했다지만, 문학을 하는 분으로서 어떻게 이렇게까지 신학의 영역에 깊게 개입해 비평할까' '신학과 문학의 경계는 무엇일까' 하는 거예요. 문학과 종교의 토대를 같게 본다고 하셨는데, 이런 생각에 깃든 신학에 대한 이해와 교회에 대한 이해, 또 '왜 문학가로서 교회에 개입하는가'에 대해 먼저 말씀해주시면 좋겠습니다.

김응교 기독교뿐 아니라 다른 고등종교도 모두 문자를 통해 전해졌지요. 그래서 모든 종교 텍스트, 즉 사상 텍스트는 문학이라 보고 있습니다. 유교·도교의 고전들, 즉 『논어』 『맹자』 『장자』 등은 대화록이죠. 불교 경전이나 기독교의 성경도 그렇고요. 특히 성경은 여러 장르로 되어 있는데, 오늘날의 문학 장르로 본다면 구약에는 역사서, 예언자들의 판타지 문학, 그리고 잠언이나 단편소설·시 형태의 문서들이 있습니다. 또 신약에는 「마태복음」 「마가복음」 「누가복음」 「요한복음」 같은 단편소설과 사도 바울에 의한 서간체, 「요한계시록」이라는 판타지가 있죠.

저는 문학과 종교가 따로 떨어져 있는 것이 아니라, 둘은 그저 '사람을 보는 다른 시각'일 뿐이라 여깁니다. 외부의 사건을 쓰기도 하지만, 도스또옙스끼(Fyodor M. Dostoevsky)처럼 무의식이나 영성을 다루는 작가도 있거든요.

더욱이 세계사를 보면 언어와 종교와 법전이 중세를 지배했잖아요. 동아시아에서는 한자문명, 유교라는 종교체제, 진나라와 당나라의 법체제 등이 중세를 지배했죠. 인도에는 산스크리트어, 불교, 카스트제도라는 계급제도가 있었고요. 중동에는 아랍어, 메소

포타미아 제국 종교들, 우르남무 법전(Code of *Ur-Nammu*, 기원전 21세기)과 함무라비 법전(Code of *Hammurabi*, 기원전 18세기) 등 여러 법체계가, 유럽에는 라틴어와 기독교와 유스티아티누스 법전(Code of Justinianus I 또는 Corpus Juris Civilis)이 있었어요. 중세는 '종교와 언어와 법전'이 하나의 권력을 형성한 시기였죠. 그 가운데 종교의 비중이 너무나 컸고, 이러한 중세 종교의 억압적 측면을 해체한 데에 문학이 크게 기여했습니다. 많은 종교 서적이 다른 지역에서 그 지역 언어로 번역되면서, 종교 경전을 넘어 인간에 관한 문학으로 재해석되기도 했어요.

개신교를 예로 들면, 종교개혁 때 문학적 실천이 이루어졌습니다. 성경을 자국어로 번역하는 일은 중요한 문학적 행위죠. 종교개혁가인 위클리프(John Wycliffe)는 라틴어 성경을 영어로 번역한 일 때문에 유해가 파헤쳐져 불태워지기까지 했어요. 얀 후스(Jan Hus)는 체코어로 성경을 번역했다는 죄목으로 화형당했고요.

문학과 경전은 서로 영향을 주고 받습니다. 소설가이자 사상가였던 에라스뮈스(Desiderius Erasmus)의 『우신예찬(愚神禮讚)』에 마르틴 루터(Martin Luther)가 영향을 끼쳤다는 연구가 있습니다. 『햄릿』 등 셰익스피어의 여러 작품에도 성경의 많은 상징과 표현이 나오죠. 한편 제가 「아가서」에 관한 책을 번역한 적이 있는데, 「아가서」에는 당시 중동의 문학 작품에 나오는 상징이 많이 들어있어요. "너는 연못의 샘이다"라고 한다든지, 남자를 보고 사과에 비유한다든지 하는 것들 말이에요.

이렇듯 종교는 인문학의 모든 영역, 즉 역사·심리학·문학·철학 등에 스며 있지만 제 전공인 문학과는 특히 긴밀하여 떨어져 있다는 생각을 해본 적이 없습니다.

김진호 이렇게 문학에 대한 확장된 해석을 통한다면 세계 인류의 모든 것을 문학으로 설명할 수 있을 텐데, 그럼에도 특히 종교에 관심이 있으시고 여러 종교 가운데서도 기독교에 대해 주로 말씀하고 계시죠. 또 기독교 중에서도 프로테스탄트, 한국의 개신교에 대해 이야기하십니다. 아이러니하게도 비평가는 무언가에 대해 애정이 있어 비평을 하지만 그 대상에 문제가 없으면 할 얘기도 없잖아요. 비평가란 다른 이들이 미처 생각하지 못한 것까지 들춰내고 해석하는 사람인데, 현재로서 한국 개신교를 비판하는 것은 김응교 선생님이 그에 대해 남다른 애정이 있기 때문이 아닐까 생각합니다.

한국 기독교, 특히 개신교는 많은 비난의 대상이 되고 있잖아요. 1995년경을 전후로 해서 한국 개신교에 대한 시민사회의 인식은 '선망하는 종교'에서 '혐오하는 종교'라는 것으로 바뀌어왔고, 가슴 아픈 표현인데 '개독'이라는 표현이 일상화되어 있죠. 불교·개신교·가톨릭 등 한국의 3대 종교가 전체 종교에서 차지하는 점유율이 점점 높아져 지금은 압도적이고, 소수 종파의 신자는 극히 적어요. 그런데 한국 개신교의 사회적 신뢰도는 너무 낮아서 매년 3대 종교 중 꼴찌이고 가장 높은 가톨릭과 비교하면 절반 수준에 지나지 않아요. 2015년 인구 센서스에 따르면 개신교가 신자 수에서는 1위를 차지했지만* 종교에 대한 신뢰도는 최하위였습니다. 이렇듯 한국 개신교가 '혐오하고, 혐오받는' 종교가 된 배경을 총체적으로 점검해보는 게 좋을 것 같습니다.

김응교 이야기를 나누기에 앞서 교회와 목회자 그리고 신도에 대한 비판에서 출발하리라는 점을 미리 말씀드리고 싶어요. 예수의 길을 따르는 목회자와 신도가 있는데, 그러지 않는 '삯군'들, '양의 옷을 입은 이리'(「마태복음」 7장 15~20절)를 비판하는 것이므로 '이리'가 아닌 분들은 전혀 부담 갖지 않으셨으면 합니다(웃음).

저는 '작가로서 기독교인이라는 사실을 드러내지 않는 편이 좋겠다'는 권유를 오래전부터 들어왔어요. 기독교인이라는 사실이 문학 활동을 하는 데 손해가 된다고 할 정도였죠. 사실 누가 저를 기독교인이냐 아니냐 판단한다면, 별 관심이 없습니다. 제가 예수라는 인물을 따르고 있는지 반성하고 성찰할 뿐입니다. 레닌이나 마오 쩌둥이나 맹자를 공부해보니 '예수라는 인물은 한 인간으로서, 종교를 넘어서는 인격체로서 너무도 중요하다'는 생각이 들었어요. 오늘날 신성한 예수의 삶을 탈각시킨 것은 세가지라고 봅니다. 첫째는 권력추구형 성직주의, 둘째는 건물 중심의 성장주의와 세습, 셋째는 승리주의로 포장된 비겁한 낙관주의입니다. 개신교가 지금처럼 부패한 '개독'이 된 이유도 이 세가지로 요약될 수 있

● 통계청이 발표한 '2015 인구주택총조사'에 따르면, 한국에서 종교가 있는 국민은 43.9%, 없는 국민은 56.1%였다. 전체 조사 대상자 가운데 개신교 신자는 19.7%(967만명), 불교 신자는 15.5%(761만명), 가톨릭 신자는 7.9%(389만명)였다.

다고 봐요.

첫째로 말한 권력추구형 성직주의에 대해 짚어볼게요. 종교개혁가라 하면 앞서 얘기한 에라스뮈스, 위클리프, 얀 후스, 루터를 생각하지만, 루터와 길을 달리했던 토마스 뮌처(Thomas Münzer)도 있어요. 유교에 빗댄다면 바울은 공자, 칼뱅(Jean Calvin)은 맹자에 해당하지 않을까 싶어요. 그리고 독일 농민혁명을 주도했던 토마스 뮌처는 실천을 강조했던 묵자(墨子) 같은 혁명가와 비교할 수 있겠고요. 이들은 권력을 추구하기보다는 거룩한 삶 자체에 주목한 인물들입니다.

한국에서는 김교신(金敎臣), 장기려(張起呂), 장준하(張俊河), 윤동주, 전태일 등이 자기 자신을 교회, 즉 성소로 생각하던 종교개혁가들의 소명을 따랐어요. 그런데 이 나라의 개신교와 사회를 중세로 환원시키려 한 목사들이 주도권을 갖기 시작했어요. 이들은 예수라면 만들거나 가지 않을 국가조찬기도회라는 권력형 이벤트를 만들어 권력에 아첨했죠. 한기총에 모였고, 이명박과 박근혜로 이어지는 국정농단 세력 및 태극기부대와 결합해 사회를 부패시키는 역할을 했죠. 삼국시대를 망쳐놓은 것이 타락한 불교이고, 조선시대를 망쳐놓은 것이 잘못된 유교라고 한다면, 지금 한국사회에서는 권력에 아첨해온 일부 개신교 목사들이 국가적 문제라고 할 수 있을 것입니다. 자신을 계속 신성화하면서 권력 곁으로 가는 조용기 목사를 비롯해, 한때 복음주의와 운동권의 희망의 최소공약수였으나 이명박정권에 밀착해 뉴라이트연합을 이끈 김진홍(金鎭洪) 목사 등은 너무도 안타깝지요.

둘째로 건물 중심의 성장주의와 세습이라는 문제도 있습니다. 성서에서는 우리 몸이 곧 성소라고 말하고 있습니다. "여러분은 하나님의 성전이며, 하나님의 성령이 여러분 안에 거하신다는 것을 알지 못합니까? 누구든지 하나님의 성전을 파괴하면, 하나님께서도 그 사람을 멸하실 것입니다. 하나님의 성전은 거룩합니다. 여러분은 하나님의 성전입니다."(「고린도전서」 3장 16~17절) "그러므로 여러분의 몸으로 하나님을 영화롭게 하십시오."(「고린도전서」 6장 20절)

예수는 눈에 보이는 큰 교회 건물을 지어야 한다고 강조한 적이 없지요. 우리 한 사람 한 사람이 거룩한 성전으로 살기를 권했어요. 영향력을 가진 인물이 있으면 그가 곧 교회인 거죠. 즉 윤동주 같은 인물, 전태일 같은 인물이 곧 교회인 거예요. 그런데 한국 개신교회에서는 사람들에게 '몸으로서의 교회론'은 전혀 안 가르치고 건물로서의 교회 성장론만 강조하죠. 많은 대형교회는 백화점 같은 건물을 유지하기 위해 목사직을 세습하기까지 합니다. 2017년 10월 31일이 종교개혁 500주년 기념일이었는데 얼마 후 명성교회에서는 김삼환이 아들 김하나에게 담임목사직을 세습했지요. 사회적 동의가 없으면 세습하지 않겠다던 이들이 말이에요. 이들에게 목사라는 칭호를 붙일 수 있을까요?

셋째로 승리주의로 포장된 비겁한 낙관주의가 있습니다. 히틀러 정권에 저항하다 사형당한 독일의 목사이자 반나치운동가 본회퍼(Dietrich Bonhoeffer)는 「낙관주의」라는 짧은 에세이를 통해, 히틀러가 정권을 잡자마자 사람들이 급격하게 이를 희망이라 여기며 넘어가는 것을 보고 '비겁한 낙관주의'라고 했지요. 가령 한국사회에서 그간의 독재와 거짓과 국정농단에 아첨했던 목사들의 행태야말로 '비겁한 낙관주의'라고 할 수 있겠습니다. 본회퍼는 진정한 낙관주의를 이렇게 표현합니다.

"미래에 대한 의지로서의 낙관주의는 그 누구에 의해서도 멸시될 수 없다. 낙관주의는 병자가 결코 감염시킬 수 없는 삶의 건강이다. 지상에서 좀더 나은 미래를 희망하고 준비하는 것을 불성실하고 불경건한 것으로 생각하는 그리스도인들이 있다. 그들은 혼돈, 무질서, 파멸을 오늘날 일어나는 사건의 의미로 믿으며, 체념이나 경건한 세계도피 속에서 앞으로의 삶과 새로운 건설, 그리고 도래하는 인류를 위한 책임을 회피한다. 최후의 심판의 날이 내일 도래한다면 좀더 나은 미래를 창조하려는 활동에서 손을 떼야겠지만, 그전까지는 그렇게 할 수 없다."●

여기서 말하는 낙관주의는 권력에 아첨하는 비겁한 낙관주의가 아닙니다. 비겁한 낙관주의는 "혼돈, 무질서, 파멸을 오늘날 일어나는" 당연한 사건으로 여기며 "체념이나 경건한 세계도피" 속으로 들어갑니다. 반면 눈에 보이지 않는 참된 희망을 기다리는 낙관주의가 있지요. 그 기다림은 잔혹할 수 있지만 "도래하는 인류를 위한 책임"을 피하지 않는 '잔혹한 낙관주의'(cruel optimism)라 할 수 있겠습니다. 민주주의가 올지 안 올지 모르면서도 1980년대 이후 민주화와 인권을 위해 애썼던 사람들. 식민지 해방이 올

● 본회퍼 「낙관주의」, 『저항과 복종: 옥중서간』, 손규태·정지련 옮김, 대한기독교
   서회 2014, 58면.

지 안 올지 모르면서도 끊임없이 아침이 오리라고, 봄과 아침을 이야기했던 윤동주. 절망적인 생활 속에서 "미안하지만 나는 이제 희망을 노래하련다"(「정거장에서의 충고」, 『입 속의 검은 잎』, 문학과지성사 1989)라고 한, 개신교와 가톨릭을 오간 기형도 시인. 이들이 계속 이야기한 것이 잔혹함 속에서의 낙관이죠. 예언자들이 그랬고 예수가 그랬고 예수를 따르던 제자들이 그랬듯이요. 그러나 비겁한 낙관주의자들은 근본주의라는 개념으로 성경을 그릇되게 해석하면서 권력에 아첨합니다. 자기성찰이 누락된 앵무새 같은 중세형 인간을 만들어내고 있죠.

방금 말씀드린 것들이 교회의 부패한 세가지 모습 같습니다. 그렇기에 교회를 이탈해서 교회에 안 가는, 중세형 인간이 되느니 자기만의 신앙을 지키겠다는 이른바 '가나안 성도'가 늘어나고 있는 듯합니다.

김진호 존경받지 못하는 성직자가 무모하게 권력을 추구하는 것, 성장하지 않으면 정상적이지 않은 것처럼 생각하는 태도, 낙관주의적인 승리에 대한 집착 등은 기독교의 뿌리 깊은 암초 같습니다. 권력추구형 성직주의, 건물 중심의 성장주의와 세습, 비겁한 낙관주의로 요약하신 세가지 요소는 한국 개신교가 한국사회로부터 찬사를 받던 시기에도 이미 있었고 오히려 한국 개신교의 장점으로 여겨지기도 했죠. 지금은 문제가 되고 있지만요.

지금 한국 개신교에 대해 부정적 평가를 내리는 사람들은, 한국 개신교를 '미움과 배타성을 설파하는 종교' '분노의 종교'라 여깁니다. 또 '너무 상업적이다' '욕망을 제어하기는커녕 부추긴다' '욕망을 성찰하지 않는 종교다'라는 목소리도 있어요. 그리고 제가 거기에 하나 더 추가하는 것은 '기독교인이 되면 수동적이게 된다'는 거예요. 아까 말씀하신 나쁜 성직주의를 관용하는 것은 사실 수동적인 신앙인과 관계가 있잖아요. 이 세가지가 한국 개신교의 현재 문제인 것 같아요. 증오의 종교, 수용의 종교, 욕망의 종교라는 것 말이에요. 이 부분을 하나씩 짚어보면 좋겠습니다.

분노를 부추기는 보스적 목회자

김진호 오늘날 한국 개신교의 반동성애 문제가 심각합니다. 교회 외부에 대해 그럴 뿐 아니라 내부 단속도 굉장히 심해요. 그래서 목사·신학자·교수들이 엄청나게 몸을 사리고 있거든요. 한국 개신교의 첫번째 문제로 '증오의 장치'를 얘기해보고자 합니다.

역사적으로도 한국 개신교의 반공주의가 굉장히 심각하잖아요. 여기에 반동성애, 반이슬람, 다른 종교나 비종교에 대한 배타성 등 이렇게 적대와 증오밖에 없는 종교처럼 보이는 기저에 무엇이 있을까요? 제 생각에는 층위가 다른 네가지 지점이 있는 것 같아요.

우선 방금 요약했듯이 적대와 증오로 드러나는 '양상'이 있습니다. 그리고 이런 양상을 만들어낸 '전통'이 있죠. 또 전통을 지속시키는 논거들, 즉 성서에 대한 '해석'이나 교회 전통에 대한 '해석'이 있습니다. 그런데 해석만 있다고 되는 게 아니라 '제도'로 정착되어야 하거든요. 요컨대 양상·전통·해석·제도로 분류할 수 있는데, 그중 전통·해석·제도는 서로 뒤얽혀 있고요.

김응교 증오의 종교라는 측면은 종교개혁 시기에도 있었습니다. 구약적인 가치에 지배당한 '복수의 시대'여서 마녀사냥도 있었고요. 종교개혁 이후에도 30년전쟁(1618~48)이 일어났지요. 그래서 가톨릭 권력에 반대한 위그노(프랑스의 칼뱅파 신교도) 등을 처단했고, 그 결과 완전하게 정교분리가 일어나 종교적 관용 문제도 대두되었죠. 지금 한국 개신교는 내면의 30년전쟁을 겪고 있지 않나 생각해봅니다. 예를 들어 단군상을 잘라버리거나 불당을 태워버리는 등, 타종교에 대한 증오행위가 일어났죠. '땅밟기 운동'이라고 해서 예배 끝나고 불당에 가 찬송가를 부르거나 기도를 하기도 해요. 이슬람 사원에 가서도 그러고요. 예수나 바울이 결코 하지 않았던 행동을 하고 있는 거예요.

　여기에 뉴레이시즘(new racism), 즉 새로운 인종주의가 있어요. 동성애라든지 타자에 대한 적대감을 드러내는 것이죠. 세상/성경의 이분법을 가진 채 "점령하라! 점령하라! 점령하라!"라는 구호를 외치며 전도하러 나서는 양상도 있어요. 그런데 이게 다 모순이에요. 타종교를 적대하지만 교회에는 샤머니즘적이거나 불교적인 부분이 많아요. 교회의 언어에 얼마나 불교적인 요소가 많은가요? '예배당'에 간다든지, '천당'에 간다든지 하는 말만 해도요. '천당'은 불교 용어잖아요. 또 반공을 얘기하면서 북한의 3대 세습을 비판하지만 수백개의 교회가 세습을 하고 있고요.

중세와 똑같이 '외부적인 증오'와 '내부적인 복종'이 완전히 구축되어 있고, 그 자리에 성경은 없어요. 마르틴 루터가 수도원에 들어가 스물두살 때까지 성경을 못 봤대요. 사제의 말씀만 듣고 성경은 볼 수가 없었다는 거예요. 지금이 그런 시대, 즉 진정한 성경을 대하지 못하고 잘못된 해석만 듣는 시대인 것 같아요.

저는 「사도행전」 11장 19절부터 20절까지를 사랑하거든요. 바울이 안디옥(*Antioch*, 오늘날 안타키아)에 가서 이방인들과 여러 다른 족속들의 문화를 받아들이는 이야기가 나와요. "스데반에게 가해진 박해 때문에 흩어진 사람들이 페니키아와 키프로스와 안디옥까지 가서, 유대 사람들에게만 말씀을 전하였다. 그런데 그들 가운데는 키프로스 사람과 구레네 사람 몇이 있었는데, 그들은 안디옥에 이르러서, 그리스 사람들에게도 말을 하여 주 예수를 전하였다." 여기서 '그리스 사람들'이라는 말은 '헬레니스테스'(*Hellénistés*)라는 그리스어를 번역한 것인데, 그리스 땅에 사는 사람들을 뜻하는 단어가 아닙니다. 마케도니아의 알렉산드로스 대왕이 지중해와 메소포타미아를 정복한 뒤에 그리스 문화를 바탕으로 두 문화권을 꿰뚫는 거대한 문화 통합체를 만들어냈는데 이게 바로 우리가 '헬레니즘'이라고 부르는 것이죠. 일종의 '지구화된 그리스 문화'라 할 수도 있을 텐데, 그 문화의 첨단에 있는 사람을 가리키는 말이 이 구절의 헬레니스테스예요. 그리고 그리스 본토의 그리스어가 아니라, 헬레니즘화된 사회에서 국제어로서의 그리스어를 '코이네(*Koinē*) 그리스어'라고 합니다.

이 구절에서 볼 수 있듯이 초기 교회 사람들은 문화가 다른 이들을 자신들과 구별하면서도 적극적으로 받아들이려 했던 거죠. 하지만 지금은 그게 아니라 마치 장하준 교수가 말하는 '자본주의의 사다리 걷어차기'처럼 외부인들이 따라 올라올 통로를 제거하려고 해요. 대형교회를 비롯한 몇몇 교회들은 경제력이나 직업에 따라 신자를 가려 받기도 하죠. 돈이나 학벌이 부족하면 모임에 참석하기 불편한 분위기를 만드는 거예요. 신앙이라 하지만 사실은 직업과 학벌로 테두리를 만드는 '교회 게토화' 현상이 벌어지고 있지 않나 생각합니다.

김진호 말씀하신 것처럼 성서에도 다른 종류, 다른 계층, 다른 성의 사람이 함께 어우러지는 진취적 운동이 반영된 부분이 매우 많죠. 반면 오늘날의 개신교는 그렇지 않은 것만 선별해서 받아들이는 것 같아요.

역사적으로 보면 한국 개신교는 1940년대 후반에서 1950년대에 증오가 불을 뿜었지요. 그래서 한국 개신교에 대한 이미지 가운데 '무서운 종교'라는 것이 있었고요. 해방 무렵 남북한의 개신교 신자 수가 인구 대비 1퍼센트를 조금 넘었던 것 같고, 한국전쟁 직후에는 3퍼센트 정도였던 것으로 추정되는데, 이 소수 종교가 한국 역사에 남긴 족적은 너무 강렬했어요. 그 강렬한 족적의 핵심은 분노의 종교, 학살자의 종교라는 것이었습니다. 개신교의 열혈 청년들이 칼과 총을 들고 많은 사람들을 학살했어요.

박정희정권 시기의 개신교는 그 이전과 생각이 크게 달라지진 않았지만, 정권을 뒤에서 밀어주거나 밀실에서 정권을 지지

했지, 분노의 전선에 전면으로 나서지는 않았죠. 조찬기도회라든가 구국선교단 같은 사례도 있었으나 개신교의 전체적인 흐름은 1940~50년대와는 달랐어요. 그래서 박정희 시대에는 일종의 '정교분리'가 이뤄진 듯했고, 오히려 정치에 참여하는 비판적 기독교인들에게 '그건 하나님의 뜻이 아니다'라고 말하기도 했어요.

예컨대 1974년 박정희정권이 2차 인민혁명당 사건을 조작해 강권통치를 도모하자 개신교계와 가톨릭계의 비판적 지도자들이 저항했죠. 이에 국무총리인 김종필(金鍾泌)은 '정교분리 원칙에 위배된 신앙행위를 하고 있다'며 비판했고, 이 주장을 받아 예장합동(대한예수교장로회(합동))을 포함한 많은 교단 지도자들이 '정교분리를 위해하는 자들은 이단'이라고 주장했어요. 그 시절 개신교는 정치적 행동의 장에서 조용한 종교로 머무른 측면이 있었죠.

그랬던 종교가 이제 다시 거리로 나와 태극기 집회에서 보듯 분노를 불러일으키고 불당을 훼손하고 반동성애 운동을 개진하고 있어요. 거기에 저항하거나 저항에 동조하는 사람들을 징계하는 일도 가속화되고 있고요. 분노의 행동주의가 되살아나는 조짐이 보입니다. 과연 왜 한동안 현실정치에서 멀어져 밀실에 있던 개신교가 다시 거리로 나와 정치의 전면에 섰는가, 그 활동 내용이 왜 하필이면 '분노'인가.

1940~50년대 개신교가 반공주의에 집중했다면 지금은 정치적 이데올로기에서의 증오만이 아니라 반동성애 같은 문화적 증오, 반이슬람주의 같은 다분히 인종주의적인 증오, 그리고 타종교에 대한 적대 같은 종교적 배타주의 등 다양한 차원에서 증오를 소

환하고 있다는 점에서 양상이 달라요. 또 1940~50년대는 매우 공격적인 행동주의가 두드러졌다면, 지금은 공격적 행동주의는 상대적으로 많이 절제된 반면 온·오프라인 공간에서 담론적 증오에 더 많은 힘을 쏟고 있다고 할 수 있어요. 필경 그 차이는 두 시대의 공권력의 성격, 그리고 그런 공권력과의 접속 양식에 따른 것으로 보입니다.

김응교 그분들이 믿는 것은 예수가 아니라, 구약 중심으로 보는 권위주의적 성서 해석이 아닐까요. 구약에서 권력과 건물숭상주의에 관한 부분만 부분 절취(切取)해온 거죠. 성경에서 다윗 정권을 만드는 배경에 선지자 나단이 있었습니다. 그런데 자신들이 정권을 만들어야 한다는 생각을 지닌 목사들이 중세 이전의 세계관에 머물러 나단과 자신을 동일시하는 거예요.

그들은 '우리가 정권을 창출해야 한다'라고 말하죠. 김대중이 아니라 이회창을 밀어야 한다, 노무현을 넘어 이명박과 박근혜를 권력의 중심에 놓아야 한다고요. 그러다 보니 교회의 모든 시스템이나 설교의 어투가 바뀌어버렸어요. 그런 목회자는 대개 '보스' 같이 행동하죠. 설교 시간에 '십일조를 안 내면 암에 걸린다'라는 식으로 협박조나 명령조, 반말투로 이야기하고 자기를 내세울 만한 건물을 지어요. 대원군이 경복궁을 짓고, 헤롯이 예루살렘 성전을 대규모로 재건축했던 것처럼요. 이는 에리히 프롬(Erich S. Fromm)에 의하면 가학피학증, 즉 사도마조히즘이죠. 어느 목사는 박근혜에게 "우리 대통령님께서는 여성으로서 미와 덕 그리고 모성애적인 따뜻한 미소까지 갖고 계시니…"라며 판단력이 전혀 없는 마조히즘적 태도를 보였습니다(「목사들의 박근혜 대통령 찬양 어록」, 『뉴스앤조이』 2016.10.31). 반면 성도들 앞에서는 반말을 내뱉는 사디즘적 행동을 하는 목사들이 많죠. 목회자-성도 관계를 주인-노예 관계로 규정하는 행동이 교회의 주류를 차지해버렸어요. 이른바 성경에 나오는 영적(spiritual) 리더가 아닌 거예요.

영적 리더들은 명령이 아니라 대화를 하고, 공간 건축에서도 경복궁이나 성전을 지으려는 게 아니라 보이지 않는 네트워크, 희미하지만 강력한 하나님 나라를 지으려고 하죠. 그리고 사도마조히즘적 행태를 보이는 것이 아니라 '퍼펙트 러빙'(perfect loving), 즉 서로 사랑하는 걸 가르쳐요. 스승과 제자가 주인과 노예가 되는 것이 아니라 시간이 지날수록 점점 동등해지는, 제자가 스승이 되는 관계가 됩니다. 영적 리더들과 사람들은 점점 가까워지고 서로 존경하게 돼요.

그런데 보스적 목회자는 영적 리더가 되기를 포기하는 것 같아요. 보스와 성도의 관계는 시간이 갈수록 더욱 종속화되고, 이 사실을 깨닫게 되면 증오가 쌓여요. 또 이런 보스적 시스템을 유지하기 위해서는 외부의 적들을 양산해야 하죠. 신도들을 단독자로서의 자유인이 아니라, 적들과 싸워야 하는 '분노의 전사'로 만들어내기 위해 교회 밖으로 적을 계속 만들어내요. 교회 안의 문제에 신경 쓰지 않도록, 분노를 교회 밖으로 향하도록 하는 방식입니다. 그래서 반공·반동성애 프로파간다가 이루어지고요.

'우리는 세상과 결별했다'고 이야기하면서도 가장 자본주의적

인, 백화점과 같은 방식으로 교회를 키워나가고 있죠. 성경에서 말하는 권위는 '억압적 권위'(inhibiting authority)가 아니라 '합리적 권위'(rational authority)인데, 이들은 점점 억압적 권위를 행사하는 것 같아요. 「마태복음」23장 8절에서 예수는 '스스로 선생 노릇 하려고 하지 말라'고 말했죠. 이제는 선생 노릇 정도가 아니라 교회의 결이 보스적 시스템으로 바뀌고 있어요. 이를 정착시켜가는 정점이 바로 '세습'이라고 생각합니다. 이 교회는 자기들 것이니 세습이 싫으면 나가라는 식이죠.

증오의 신앙과 함께하는 것이 '복'에 대한 해석인 것 같아요. 「창세기」1장 28절에 하나님이 아담과 하와에게 "생육하고 번성하여 땅에 충만하여라. 땅을 정복하여라. 바다의 고기와 공중의 새와 땅 위에서 살아 움직이는 모든 생물을 다스려라"라고 하신 말씀이 있어요. '정복하라'로 번역된 히브리어 '카바시'(*kabash*)는 착취하고 파괴하라는 뜻이 아니라 풍요롭게 되도록 돌보라는 뜻이에요. 그런데 이를 오독해 4대강 사업을 벌이는 등 폭력적이고 그릇된 복의 개념이 이 사회를 지배해왔어요. 이런 복을 받으려면 '우리 교회 밖으로 나가면 안 된다'고 말해요. 밖에는 적뿐이니까요. 자신들의 복을 방해하는, 평등을 말하는 사람들은 제거해버려요. 서북청년단이 제주도에서 학살을 벌인 것처럼요.

그리고 예수가 강조해 말한 적 없는 십일조를 마치 면죄부인 양 위협하며 걷어요. 성경 내용을 부분적으로 절취하고 또 이를 왜곡해 사람들을 세뇌해서 거의 사기에 가까운 행동을 해온 것, 이것이 분노의 목회라고 할 수 있죠. 더 정확히 말하면 '분노와 복의 목회'라고 할 수 있어요. 바깥으로는 적을 만들어 분노하게 하고, 안으로는 복이라는 개념을 왜곡해 신자들이 목사의 종이 되게 하는 구조가 아니었나 생각해봅니다.

진정한 복 해석이 어서 널리 전파되어야 한다고 생각해요. 윤동주의 「팔복」이라는 시는 "저희가 영원히 슬플 것이요"라고 맺어요. "슬퍼하는 자는 복이 있나니"가 여덟번 나온 뒤에 그 구절이 나와요. 그 말은 슬픔과 같이하는 사람에게 복이 있다는 것이죠. 저는 윤동주가 성서를 정확히 이해했다고 봅니다.

빈민의 사도에서 이념의 사도로

김진호 조용기 목사가 산동네에서 여의도로 오기까지의 논리 속에 복음의 변화, 복의 개념 변화, 복의 계층적 변화가 일어났습니다. 이제 조용기의 '메가처치'에는 가난한 신자만 있는 것이 아니라, 가난에서 탈출한 사람도 있고 중산층과 기업가까지 들어왔죠. 기업인들이 하는 선교회(순복음실업인선교연합회)도 만들어졌어요. 그런데 최근 여의도순복음교회는 이념적 요소가 강화돼서, 반동성애 집회에 나오도록 교인들을 독려하며 마치 예전 영락교회가 그랬듯 반공정치 투쟁의 투사처럼 앞에 나서거든요. 동생인 조용목 목사가 담임하는 은혜와진리교회도 마찬가지예요. 조용기 목사의 처남으로 오순절교파의 주요 지도자인 김성광 목사가 창립한 강남순복음교회도 마찬가지고요.

김진홍 목사도 1970년대부터 1980~90년대까지 빈민운동을 했는데, 1990년대 후반 갑자기 뉴라이트를 표방하더니 이념을 중요한 복음의 코드로 삼았죠. 조용기와 김진홍은 굉장히 다른 길을 갔지만 걸어온 경로에 겹쳐지는 부분이 있어요. 특히 '빈민의 사도'에서 '이념의 사도'로 변신했다는 점에서요.

김진홍 목사가 변신한 배경에 대해서는 어떻게 생각하시나요? 과거에 그는 빈민운동 하던 많은 이들이 빨갱이로 몰릴 때 '국가가 빨갱이로 지목해서 가둔 이들을 처벌해달라'고 하던 사람은 아니었어요. 산업화 과정에서 계층적으로 몰락한 사람들을 위해 복음이 일해야 한다고 생각하며 활동했고 그런 활동을 하는 사람들에게 장학금도 주었던 분인데, 지금은 분노와 이념으로 가득 차 '공산주의자들은 척결해야 한다'고 말해요.

김응교 김진홍 목사는 변하지 않았다고 저는 생각해요. 처음부터 중심을 향했던 그의 욕구는 변하지 않았다는 것이 제 생각입니다. 김진홍 목사는 1970~80년대에는 민중운동을 하는 것이 역사의 중심이 되는 길이라 여겼고, 2000년대에는 이명박과 손잡는 게 중심이라 여긴 듯합니다. 위험하고 실망스러운 선택을 해버린 거죠.

김진호 저는 김진홍 목사와 조용기 목사의 유사점에 주목합니다. 조용기 목사는 뭐든지 믿음으로 할 수 있다 말하고, 김진홍 목사도 그런 적극적인 낙관주의가 있지요. 낙관주의 신앙 자체가 나쁘다고 생각하지는 않아요. 그것이 나쁜 것과 접속될 수도 있고 그러지 않을 수도 있기 때문에, 두분의 역할에서 긍정적인 면과 부정적인 면을 다 읽어낼 필요가 있습니다. 그분들이 가난한 사람들과 더불어 지내며 낙관주의 신앙을 펴던 시절에는 가난으로부터 탈출해서 풍요로워지는 데 방점을 두었어요. 그런데 근래 이분들의 방점은 악마를 색출해서 제거하는 데에 있는 것 같아요. 그럼 그 악마가 누구냐? 우선 '공산주의자'를 악마로 여기죠. 그리고 최근 들어 '동성애자'를 악마로 지목하고요. 그들에게 동성애자는 '유사 빨갱이'인 거죠. 이런 식으로 미움의 대상을 색출해 제거하는 것이 그분들 신앙의 핵심이 됐어요.
　중요한 것은 한국 개신교가 변화한 중심에 그분들이 있다는 거예요. 그분들이 한국 개신교를 나쁘게 만든 장본인이라 말할 수는 없지만, 한국 개신교의 이런 변화와 그분들의 변화는 겹쳐 있죠. 한국 개신교가 급성장하던 시절에는 긍정적인 낙관주의를 유지했는데 이제 한국 개신교가 위기에 놓이자, 즉 성장이 정체되고 사회로부터 불신을 받고 나쁜 종교로 취급받는 시기에 이르자, 두 사람은 '종교가 나쁜 게 아니라 나쁜 놈들이 암약하는 이 사회가 문제'라는 식으로 생각을 돌린 것 아닌가 해요.

선생님께서 누누이 말씀하신, 한국 개신교가 성서를 잘못 해석하고 있다는 점을 제 방식대로 이야기해볼게요. 그들이 성서 가운데 구약을 강조했다는 것은 약간 어폐가 있어요. 동성애를 비판하는 사람들을 보면 그 근거를 신약에서도 찾아내잖아요. 구약이든 신약이든 자기들이 생각하는 바에 어울리는 구절을 선택적으로, 전체 흐름과 맥락에 관계없이 떼어 와 자기들 식으로 해석하는 거죠. 탈맥락화 혹은 재맥락화를 거치는 거예요. 물론 해석이란 탈맥락화와 재맥락화를 필연적으로 수반해요. 문제는, 그들이 자신의 해석이 본래 의미를, 아니 신의 계시를 그대로 읽은 결과라고 주장하는 데 있어요. 그렇게 주장하려면 최소한 성서 텍스트를 충실히 읽기라도 해야 하는데, 그런 과정은 전혀 안 거치고 아무거나 자기 맘에 드는 것만 달랑 떼어서 '이것이 하나님의 원초적 계시'라고 주장하는 거죠.

이런 식의 잘못된 해석으로 교회는 천당 신앙을 창안해냈어요. 사실 성서에는 '하느님이 지배하는 나라'라는 의미로 '천국'이라는 단어가 등장하는데, 교회는 그 대신에 '천당'이라는 말을 썼죠.

여기에는 하느님이 지배한다는 뜻보다는 지옥으로 갈 사람과 천당으로 갈 사람을 나누는 그들의 인식의 코드가 결합되어 있어요. 또 성서 전통에 있는 '노아의 방주'를 끌어오기도 해요. 즉 교회가 방주를 통해 안과 밖을 구별하고, 안은 축복의 대상이며 바깥은 저주의 대상이자 적이라 말하죠. '적 가운데서도 진짜 악마는 빨갱이다'라는 식의 생각을 담론의 키워드로 만들어내고요. 이런 것이 전통의 활용, 성서의 해석이라는 측면에 포함된 증오의 종교의 요소가 아닌가 싶어요.

착한 양떼를 기르는 '복종'의 교회

김진호 교회 대중은 최근 증오의 종교로 변화하고 있는 교회에 동화되고 있다고 보시나요? 만약 동화되고 있다면 왜 그렇게 되었을까요?

김응교 지금까지 한국 교회 신도들은 목회자의 말을 하나님의 말처럼 받아들이는 '착한 신도'였어요. 단독자로서 자신을 성전으로 보는 깨우친 신도가 늘고는 있지만, '증오'를 강요하는 흐름에 무비판적으로 따르는 신도도 적지 않다고 봅니다. 목회자를 절대적으로 신봉하는 배경에는 두가지 요소가 있어요. 한국인의 무의식에 흐르는 무속적 흐름과 주자학적 흐름이죠. 거기에 자본주의적 요소가 더해져 세가지 목사 유형이 복잡하게 얽혀 있습니다.

한국인의 무의식에 샤머니즘이 있고, 샤머니즘을 배경으로 하여 기독교를 받아들였다는 연구가 있어요.* 신과 내가 일대일로 만나는 것이 아니라 굿과 샤먼을 통해서 만나는 거죠. 헌금도 마치 무당에게 주는 것처럼 이루어지고요. 다른 한편으로 장로교가 전세계 중 우리나라에서 제일 큰 이유는 우리나라의 유교, 특히 주자학의 사상구조가 칼뱅주의와 거의 비슷하기 때문이라고 합니다. 세계관이나 윤리관이 비슷해 유교적 관점을 토대로 그 위에 장로교가 그냥 들어올 수 있었다는 거죠. 요컨대 목사를 한국 오순절교회에서는 샤먼처럼 보고, 장로교회에서는 유교의 군자처럼 봤다고 할 수 있겠죠.

지금은 그걸 넘어 교회를 백화점으로 보는 구조가 있습니다. 이익관계를 통해 교회 시스템이 구축되고 목사는 그곳의 '대표'가 되는 거예요. 장로교회에서는 목사를 기업 회장처럼 '당회장'이라 부르기 시작했고요. "소망교회 앞, 주 찬양하는 뽀얀 아이들"로 시작하는 「불의 부패」라는 시에 이런 구절이 나와요. "불의 소망 근처에서 / 불의 구린내를 빼는 똥파리의 / 윙윙 날개 바람."(유하『바람부는 날이면 압구정동에 가야 한다』, 문학과지성사 1991) 오징어 떼가 집어등에 모이듯 자본주의적 욕망을 가진 사람들이 교회에 모인다는 이야기죠.

● 유동식 연세대학교 명예교수는 교회 시스템이 순복음적으로 될 수 있었던 바탕에 샤머니즘이라는 그릇이 있었다고 말한다.『한국무교의 역사와 구조』(연세대학교출판부 1989),『한국종교와 기독교』(대한기독교서회 2001) 참조.

목회자를 무속적인 샤먼이나, 유교식 군주나, 기업 대표로 보는 시각이 변하지 않는 한 외부의 대상을 적으로 두고 안으로는 순종과 축복만을 강조하고 세습을 일삼는 관행은 멈추지 않을 겁니다. 이를 극복하려면, 목회자든 누구든 예수 그리스도와 직접 교제할 수 있다고 보는 '만인제사장설'로 바로 서야 해요.

"유대 사람도 그리스 사람도 없으며, 종도 자유인도 없으며, 남자와 여자가 없습니다. 여러분 모두가 그리스도 예수 안에서 하나이기 때문입니다."(「갈라디아서」 3장 28절) 예수를 따르는 이들 누구나 일대일로 예수의 말씀을 대할 수 있어야 해요. 직분에 따라 역할에 차이가 있을 뿐이지 목사와 평신도에게 상하 구분이 있는 것은 아니니까요.

김진호 한국 개신교에서 장로교가 득세한 데 대한 지성사적 분석이나 순복음 현상을 샤머니즘화 현상으로 해석하는 데 대해 저는 그다지 동의하지 않습니다. 그보다는 역사적 요인들로 설명하는 편이 더 유효한 것 같아요.

하지만 최근 한국 개신교에 대한 선생님의 지적에는 공감합니다. 교회가 자본주의의 똥 덩어리 같은 모습이 된 거죠. 시인의 탁월한 안목으로는 그게 똥으로 보였지만, 시민사회 대중의 눈에는 황금으로 비치기도 한다는 말이죠. 그리고 어떤 교회에 가면 좀더 격조있는 신앙생활을 할 수 있을 것 같고요. 이를테면 소망교회의 신자들은 스스로를 황금이라 여긴다는 게 느껴져요. 밖에서 볼 때 소망교회 신자들이 다른 개신교 신자들보다 '나이스'한 면이 두드러지거든요. 자기를 표현할 때 우악스럽게 내세우거나 무례하게 행동하지 않아요. 자신의 품위유지가 가능한 사람들이 많기 때문이겠죠. 품위유지비가 없는 사람들은 이곳 시스템을 잘 견디지 못해요. 일종의 계층적·문화적 필터링이 작동하죠. 물론 자산이 많다고 해서 모두 나이스하게 자신을 관리하는 건 아니에요. 그런 관리의 문화가 공유되는 교회가 소망교회라는 얘기죠.

김응교 이런 얘기도 들었어요. '작은 교회를 나가기보다 물 좋은 교회를 나가야 한다.' 외모가 뛰어난 젊은 사람들, 유력자의 자제들이 다니고 직장 상사가 다니는 교회 말이에요.

김진호 그런 욕망이 자연스럽게 신앙과 녹아 있어요. 그때 신자들은 '이것이 일종의 특혜이며 불공정한 게임에 내가 공조하고 있다'라는 생각을 하기 어려워요. 어느 교회에 속함으로써 갖게 되는 연줄망을 특혜가 아니라 신앙의 열매라고 보는 거예요. 신앙이 주는 '복'이라고 믿는 거죠. 그것이 오랜 기간 수많은 모임을 통해 몸에 각인돼버려요. 이런 신앙은 특권에 안주하고 시스템의 부조리함에 무감각하게 하죠. 그러면서 개개인은 도덕적으로 엄격한 삶을 살곤 해요. 이는 각자 자기 생활을 잘 규율하면 복을 받는다는 논리로 이어져요. 또 하나의 기복적 신앙인 셈인데, 여기서 하나 짚어둘 것이 있습니다. 흔히 이런 신앙을 비판할 때 기복주의 자체를 비판하곤 하죠. 그리고 기복주의는 샤머니즘의 영향을 받은 결과로 해석되곤 해요. 하지만 이러한 비판적 진단은 적절치 않아요.

우선 기복주의 자체가 문제는 아닙니다. 어느 종교든 복을 베푸는 기능은 핵심이고, 그게 없다면 종교가 존재할 수 없어요. 단, 누구에게 복이 베풀어지느냐가 중요한 논점이죠. 가령 예수가 '굶주린 사람은 복이 있다. 배부르게 될 것이다. 우는 사람은 복이 있다. 웃게 될 것이다'(「누가복음」 6장 21절)라고 했을 때, 우리가 주목할 것은 이 세계로부터 배척당해 결핍된 이에게 복이 주어진다는 점이에요. 또 나단 예언자가 다윗에게 간언할 때(「사무엘기하」 12장 1~15절), 그 요지는 넘치게 가진 자가 궁핍한 자의 하나 남은 소박한 것까지 빼앗는 것은 결코 신이 주려는 복이 아니라는 점입니다.

그런데 반대로 오늘의 개신교는 많이 가진 자에게 더 많이 받으리라 축복하는 신앙을 강조해요. 게다가 그런 신앙에 대한 비판적 생각을 못하게 하고요. 왜 그렇게 됐을까요? 앞서 말씀드렸듯 흔히 샤머니즘의 잔재라고 쉽게 말하지만, 대부분의 샤머니즘 신앙은 없는 자들이 나누는 복에 초점이 있지, 풍요한 자가 남의 것을 빼앗는 데에 초점이 있지 않아요. 즉 샤머니즘은 기독교의 이런 잘못된 신앙에 대해 아무런 책임이 없어요. 우리가, 우리 기독교가 하나님의 복을 왜곡되게 해석하고 제도화한 결과인 거죠.

여기서 성서 해석에 대해 언급할 필요가 있어요. 기독교는 경전 중의 경전, 슈퍼경전을 강조하는 신앙을 발전시켜왔어요. 하지만 유교나 불교에는 슈퍼경전이 없어요. 경전끼리 소통하고 견제하고 공존하는 전통을 갖고 있죠. 슈퍼경전 시스템은 성서 해석에 관한 독점적 지배가 불가피한 체계예요. 일반 사람이 끼어들 수 없게 봉쇄되어 있고요. 목사가 성서를 해석하면 신자들은 그 해석에 '아멘' 해야 하지, 해석에 끼어들면 안 된다는 거예요. 성서에 대한 신앙이 신자들에겐 순응의 장치로 작동하고 있다는 뜻이죠.

교회는 성서 해석만이 아니라 여러 순응의 장치들로 가득해요. 예컨대 예배당의 공간 구조가 그래요. 성직자의 공간이 따로 있고, 그 공간은 높은 단을 갖고 있죠. 그 단에는 목사만 올라갈 수 있고요. 설사 그 성직자가 어떤 신자 개인 혹은 집단과 담합하지 않을 수 없더라도, 심지어 누군가에게 꼭두각시처럼 조종될지라도, 목사의 입을 통해서 신의 메시지, 아니 권력이 장악한 교회의 메시지가 전달되지요. 해석을 독점한 이(들)의 입장에 지나지 않을 그 모든 것이 성직자를 경유해서 전달되는 거예요.

특히 최근 대형교회의 예배당은 그런 순응의 장치를 최적화하고 있어요. 예배당은 대개 부채꼴 모양인데, 부채꼴의 꼭지 부분에 단이 있어요. 그 단이 목사의 장소이고, 예배 때 모든 신자가 단상의 목사를 바라보게 되어 있어요. 그런데 예배당이 워낙 크다 보니 목사의 모습은 작은 막대기처럼 보이죠. 그래서 목사 뒤에 대형스크린을 걸고 카메라로 목사를 클로즈업해요. 실제 목사는 카메라를 보며 말하지만, 스크린의 목사는 모든 신자들 각각을 바라보는 것처럼 보여요. 신자들이 스크린을 바라보는 한, 신자들의 눈은 카메라 렌즈와 같은 시선이 되기 때문이에요. 이런 공간 구조는 신자들 각자로 하여금 목사가 마치 자신들을 바라보고 있다고 느끼게 하죠. 결국 자기를 바라보는 목사의 그 눈길을 의식하면서 신자들은 자신의 생각을 목사의 바람에 맞추려고 노력하게 돼요.

이것이 바로 교회 공간이 담고 있는 순응의 메커니즘입니다.

작은 교회 vs 큰 교회

김진호 한국 개신교 교회 중 대형교회는 대략 900개쯤 됩니다. 2004년 기준으로 1.7퍼센트 정도예요. 98.3퍼센트의 교회는 대형교회가 아닌 거죠. 그러나 98.3퍼센트 가운데 대형교회를 꿈꾸지 않는 교회가 몇이나 될까요? 단언컨대 극소수의 교회를 제외한 대부분의 교회가 대형교회를 지향할 겁니다. 메시지, 프로그램, 비전, 일상화된 말에서 성장지상주의적인 것을 빼면 남는 게 거의 없을 만큼 절대다수의 교회가 성장주의에 경도되어 있어요. 그런 점에서 대형교회는 아니지만 대형교회가 되기를 꿈꾸며 성장지상주의적 요소들로 점철된 교회를 저는 '짝퉁대형교회'라고 불러요. 즉 교회들 가운데 절대다수는 대형교회와 짝퉁대형교회라는 얘기예요.

규모에 집착하고, 가용 자원의 가장 많은 부분을 규모에 투자하는 현상은 1960년에서 1990년 사이 교세가 초고속으로 성장하는 과정에서 형성된 것으로 보입니다. 특히 대부분의 대형교회들이 탄생한 1980년대 어간부터 2000년대 어간까지 한국교회의 지배적 패러다임으로 자리 잡은 것 같아요.

그런데 대형교회 패러다임이 과잉 대표했던 교회 양상이 최근 무너지고 있어요. 2017년 기독교윤리실천운동의 종교 신뢰도 조사에서, 개신교가 개선해야 할 두번째와 세번째 요소로 꼽힌 것이 바로 물신주의와 성장지상주의였어요(40면 참조). 교회에 대한 시민사회의 불신이 유례없이 심해졌고, 자신의 종교를 따갑게 보는 교인들도 크게 늘었어요. 선생님께서도 지적하셨듯이 교회나 목사에 실망해 떠돌이가 된 교인의 수가 엄청나게 많아졌죠. 즉 이제 교인이든 아니든 많은 사람들이 대형교회적 지향에 대해 비판적인 생각을 갖고 있다는 거예요. 물론 한편에서는 대형교회를 찾는 경향도 심화·노골화되고 있죠. 하지만 그것을 문제시하는 흐름을 간과해서는 안 됩니다. 대형교회 패러다임을 청산하고 대안을 모색하는 일이 그만큼 절실해요.

김응교 교회 건물이 지어지면 일단 욕망의 유지비가 커지죠. 공용도로 아래에 예배당을 지어 문제가 된 사랑의교회의 경우 백화점보다도 큰데, 정확한 액수는 알 수 없지만 유지비가 거의 궁전만큼 들 거예요.

　대형교회를 향하는 욕망이 이제는 실패의 길이라는 점을 명확히 알아야 한다고 생각해요. 제가 진행한 CBS 「크리스천 NOW」라는 프로그램에 홍정길(洪正吉) 목사가 출연했는데,● '나는 실패자다, 나는 TV에 나와서는 안 된다'라는 말씀을 여러번 반복했어요. '우리 복음주의 3인방, 하용조·옥한흠·홍정길은 실패한 인물

───────────

● 이 방송은 「특집대담 "교회는 세상의 밀알입니다" ── 홍정길 목사와 함께」(CBS 크리스천 NOW 45회)라는 제목으로 유튜브에 올라와 있다.

이다' '미국식 대형교회는 실패했는데도 우리가 그걸 퍼뜨린 장본인들이다'라고 하며 어떻게든 이 대형교회를 장애인을 위한 교회로 특화하고 남북교류에 힘쓰겠다고 강조했어요. 이명박·박근혜 정권 시기에도 계속 남북교류를 위해 애쓴 교회였죠. 큰 교회를 당장 해체하라고 하기는 힘든 상황이니까, 대형교회에 있는 분들이 홍정길 목사 사례의 장단점을 잘 분석하면 좋겠어요.

일반 교회는 외부에 쓰는 돈이 교회 유지비의 10퍼센트 정도 되더라고요. 그에 비해 청파감리교회는 50퍼센트 정도입니다. 김기석 목사의 청파감리교회는 더 커질 수 있는데도 건물에 돈을 쓰지 않아요. 예배당 안이 삐걱대도 절대 교회 건물에 투자를 안 합니다. 장로들도 다 거기에 동의하고요. 그 대신 힘없는 시골 교회를 돕는 일에 크게 힘을 보탭니다. 몽골 사막화를 막는 나무 심기에 참여하고, 지역 어린이도서관을 짓고 거기서 일하는 사람들에게 월급도 주고요. 교회의 돈을 건물 증축에 쓰지 않고 지역 주민을 위해 내놓는 열린 교회가 있다는 사실이 즐거운 일이고, 아직 희망이 있는 것 같아요.

단순히 교회의 크고 작음이 문제는 아니더라고요. 방송 진행을 할 때 『노컷뉴스』 기자 몇 분이 취재한 새로운 정보로 회의를 해서 매주 방송을 만들었습니다. 이때 살펴보니 대형교회뿐 아니라 작은 교회에서도 끊임없이 문제가 일어나더라고요. 작은 교회는 지도자 한 사람의 세계관·신앙관이 큰 영향을 미치는데, 목사가 매주 표절 설교를 해도 교인 수가 적으니 제어할 수가 없는 거예요. 작은 교회만이 진정한 대안이라는 생각은 현실과 다른 고정관념일 수 있습니다. 작은 교회에 다니는 분들은 자긍심을 느끼며 서로 연대하고, 큰 교회에 다니는 분들은 목회자부터 평신도까지 반성하는 일이 필요하지 않을까 싶어요. 작든 크든, 루터나 츠빙글리(Huldrych Zwingli)가 얘기했던 "오직 성경만"이라는 방향으로 필사적으로 가야 해요.

나아가 작은교회론이나 대형교회론 자체를 극복할 때인 것 같습니다. 지금은 기존의 '주일' '성소' 개념이 깨져버렸어요. 2017년 10월 학원복음화협의회에서 전국의 대학생 및 대학원생 1,000명을 대상으로 조사한 바에 따르면, 개신교 학생이 150명 즉 15퍼센트가량이고 그중 교회를 다니지 않는 성도가 28.3퍼센트였어요. 이제는 교회에 가지 않고도 인터넷으로 예배할 수 있는 시대잖아요. 일요일만이 주일이 아니라, 축도하고 주기도문을 외우고 난 뒤 월요일부터 토요일까지가 진짜 주일이죠. 일상이 성소이자 예배라는 개념을 새로이 정립할 수 있는 좋은 시점이 아닌가 합니다.

김진호 한국 개신교를 읽을 때 대형교회가 중요한 화두인 것은 어쩔 수 없는 것 같아요. 말씀드렸듯이 한국의 대형교회 비율은 1.7퍼센트가 못 돼요. 그런데 대형교회가 세계에서 제일 많은 나라인 미국의 경우 0.5퍼센트로, 비율상으로는 한국보다 한참 낮죠.[●] 게다가 짝퉁대형교회에 대해 얘기한 것처럼, 대부분의 중소형교회

● 신광은 『메가처치를 넘어서: 교회가 버리지 못한 맹렬한 욕망』, 포이에마 2015, 각주 37번 참조.

도 크기는 대형교회가 아니지만 신앙 양식·제도·멘털리티는 대형
교회예요. 한국 개신교에서 대형교회는 굉장히 앞도적인 규정력
을 갖고 있는 거죠.

하지만 대형교회에도 쇄신의 흐름이 보이고 있다는 데 동의합
니다. 홍정길 목사도 그렇지만, '사이즈'에 대한 성찰을 통해 분당
우리교회는 대형교회 해체 선언을 했고, 백주년기념교회나 일산
광성교회는 재정을 공개했어요. 지금 대형교회 가운데 일부는 자
신들의 캐릭터를 바꾸고 있다는 거죠.

흥미로운 것은 그렇게 하면 그 교회들의 '사이즈'가 더 커진다
는 거예요. 복을 얘기하고 화려한 공간을 만들고 결혼시장을 창출

하는 식의 전략이 성공하던 시절이 있죠. 하지만 사랑의교회처럼 엄청난 규모의 교회당을 지어 성공하는 것이 아니라, 교회당 해체를 선언하거나 재정 투명성을 실천했더니 교인들이 더 늘어나는 거예요. 지금은 쇄신의 이미지를 선행적으로 보여주면 사람들이 몰려들어요. 수평 이동하는 교인을 끌어당기는 교회가 된 거죠.

김응교 김동호 목사가 시무했던 높은뜻숭의교회도 마찬가지죠. 2010년대에 '건물 없는 교회'를 실험하던 높은뜻숭의교회에 많은 신자들이 모였어요. 여러 논의가 있었는데 높은뜻숭의교회는 다시 분립해, 지역에 따라 높은뜻광성교회, 높은뜻정의교회, 높은뜻하늘교회, 높은뜻푸른교회, 높은뜻섬기는교회 등 여러 교회로 나뉘었죠. 이제는 '높은뜻교회연합'이라는 하나의 운동공동체를 만들었어요. 김동호 목사의 주장에 따라 목회자 세습에 반대하고요. 이 교회들 모두 고등학교 강당 등을 빌려 예배하는데, '보이지 않는 성전 공동체'에 동의하는 가나안 신자들이 많이 모이기 시작했습니다. 이 공동체는 예산의 3분의 1 이상을 교회 밖에서 쓰기로 정했다고 해요. '열매나눔재단'을 창립해 쪽방촌 독거노인 돕기, 북한이탈주민·장애인과 함께 일자리 만들기 등 복지사업을 하죠.

김진호 대형교회가 자기를 쇄신하는 것이 한국 개신교 전체를 변화시키는 데 기여하는 측면이 있는 것이죠. 재정을 공개한다든가, 세금 문제를 철저히 한다든가, 권력 교체 등 세습 문제로부터 완벽하게 단절된 모습을 보이는 것이 대형교회 쇄신의 요소일 것 같은데, 그런 행동이 그 개별 교회뿐 아니라 한국 개신교 전체에 긍정적 영향을 미칠 가능성이 상당하죠.

앞서 '작은 교회가 대안은 아니다'라고 하셨지요. 물론 규모가 작다는 것이 그 자체로 대안은 아니에요. 하지만 작다는 것에는 굉장히 많은 잠재성이 있습니다. 이를테면 전용공간으로서 예배당을 갖는다는 게 작은 교회로서는 쉽지 않죠. 즉 예배당을 다른 용도로 쓰지 않아도 되는 교회가 있지만, 작은 교회는 돈도 없고 공간도 협소하니까 예배당을 다른 용도로도 써야 해요. 그런데 그 점이 오히려 장점으로 작용할 싹을 품고 있다고 봐요.

우선 목사를 위한 단을 따로 만들지 않고, 1인용 의자를 사용하는 경우가 많아요. 그래야 교회당을 다용도로 활용하기가 용이하니까요. 그렇게 하면 목사의 공간과 신자의 공간이 해체되는 효과가 있어요. 심지어 둘러앉는 식의 공간 배치를 하면 예배 때 서로가 '앞'이 되지요. 목사와 교인 간의 비대칭적 위계질서를 완화·해체하고 좀더 소통적인 예배를 할 수 있게 됩니다. 또 만일 예배당을 복지시설·카페 등 다른 용도의 공간으로 쓸 수 있다면 신앙인들이 자기의 삶과 신앙을 분리하는 일이 훨씬 적어질 수 있어요. 게다가 작은 교회는 지역사회와 단절하면서 살아갈 수가 없어요. 밖에서 민원이 들어오고 압박이 많이 들어오기 때문에 주변과 협력해야 해요. 그런 점에서 교회 안과 밖의 경계가 훨씬 낮아질 수 있죠.

2013년부터 '작은교회박람회'라는 행사가 매년 열리는데, 여기에 참여한 교회들을 통해 성장주의를 해체하면서 이웃과의 경계를 낮춘 다양한 노하우를 볼 수 있어요. 그렇게 지역사회의 공공성을 확대하는 데 작은 교회들이 일정한 기여를 하고 있어요. 이런 교회들, 그러니까 성장주의를 폐기하고 '작음' 자체를 향유하면서 이웃과 소통의 장을 확대하려는 교회들의 수는 최근 빠르게 증가하고 있죠.

저는 이들 교회가 단지 작다는 이유로 높은 의미를 부여할 생각은 없지만, 작은 교회 운동이 약진하고 있는 현실은 새로운 대안적 가능성으로서 주목할 필요가 있다고 생각해요. 작은 교회는 이전까지는 큰 교회의 메커니즘 속에서 정체성 없이 부유하는 존재, 일탈적 존재였지만, 이제는 개신교의 새로운 포맷으로 자리 잡아가고 있어요. 과거에는 민중교회라는 작은 교회가 있었어요. 그리고 지금은 좀더 다양한 계층을 위해 다양한 형식, 다양한 지향성, 다양한 프로그램을 갖는 새로운 교회운동이 대안적 패러다임으로 정착해가고 있는 듯합니다.

김응교 말씀에 동의합니다. 작은교회박람회를 통해 작은 교회들끼리 새롭게 연합운동을 하는 것도 의미 깊은 일이라고 생각합니다. 앞서 청파감리교회를 말씀드렸는데, 물리적으로는 작은 교회이지만 영적으로는 그곳이야말로 '메가처치' 같아요.

서울 도봉구 안골마을에 있는 은혜공동체교회를 예로 들어볼게요. 제가 그 교회에서 한해 동안 매달 한번씩 윤동주에 관한 강연을 했어요. 당시에는 교회가 경희대학교 근처 건물에 세 들어 있었는데, 지금은 도봉구에 새로 지은 건물에서 전부 공동체 생활을 해요. 교회에서 밥도 먹고 공연도 하고 무용도 하고 카페도 만들고 온갖 걸 다 해요. 공동체 생활을 토대로 농장도 운영하고요. 그 교회는 멤버십이 있고 80명 이상은 받지 않는데, 그중 경제 사정이 좋은 분도 있고 그렇지 않은 분도 있어요. 거기서는 십일조가 아니라 십이조, 즉 10분의 2를 내요. 교육비와 병원비는 교회에서 다 대주기 때문에 무료예요. 그리고 교회의 구역예배는 일하는 예배죠. 노조를 도와주는 예배, 해직자를 도와주는 예배. 현대사 속에서 상처받은 장기수들에게 교인들이 찾아가서 도배해주고 보일러를 고쳐주고 관리도 해줍니다. 또다른 예로 역시 도봉구에 있는 아름다운마을공동체의 신자들도 만족도가 굉장히 높아요. 공동체 안에 카페와 학교가 있고 홈스쿨링도 하고, 홍천에 농장을 갖고 있고요.

누가 구원자인가

김진호 권력의 장치가 되어버린 교회와 신앙이 아닌, 나눔의 장치로서 교회와 신앙에 대해서도 이야기해볼까 합니다. 교회가 사회의 부적절한 권력화를 조장하는 것이 아니라 제어하기도 하고 스스로도 탈권력화할 수 있는 모델로 남기 위해, 대형교회적 쇄신도 필요하고 소형교회적 쇄신도 필요하다고 봐요.
　나아가 교회의 쇄신과 신자들의 쇄신을 논하는 문제 틀로 김응교 선생님을 포함한 여러 비평가들이 '사회적 영성'이라는 개념을 사용하기도 했지요(『사회적 영성』, 현암사 2014). 과연 교회와 신자들이 어떻게 사회적 영성을 확보할 수 있을까요?

김응교 예수는 중세도 아닌 고대 로마의 노예제 사회에서 "이웃을 내 몸처럼 생각하라"라고 했습니다. 데까르뜨가 "나는 생각한다, 고로 존재한다"라는 생각을 『성찰』(1641) 2장에 강조해서 썼는데, 이미 1,600년 전에 예수가 그런 생각을 한 거죠. 노예가 자기 몸을 얼마나 사랑할 수 있었겠습니까. 하지만 예수는 노예들에게 '소금과 빛이 되어라'가 아니라, '너희는 소금이다, 빛이다'라고 말하며 존재를 긍정하게 하죠. 윤동주의 「나무」(1937)라는 시에 "나무가 춤을 추면 / 바람이 불고 / 나무가 잠잠하면 / 바람도 자오"라는 구절이 있습니다. 바람이 불어서 나무가 흔들리는 것이 아니라, 나무가 춤을 추면 바람이 분다는 거예요. 나무라는 작은 존재가 곧 세상의 움직임을 드러낸다는 의미죠. 윤동주가 성경을 읽고 쓴 것이 아니더라도, 이 시는 예수의 영성을 말해준다고 생각해요.

교회 바깥으로 분노의 정치를 실행할 투사를 키우고, 이들을 가짜 뉴스에 속아 광장에서 태극기를 흔드는 존재로 만드는 것이 아니라, 한명 한명의 신자가 사회에서 제 역할을 할 수 있도록 돕는 것이 예수가 말하는 '바실레이아'(basileia), 즉 하나님의 나라이자 진정한 교회의 할 일 아닐까 생각합니다. '교회'로 번역되는 '에클레시아'(ecclesia)의 원뜻이 바로 '바실레이아'예요. 교회는 영혼의 안식을 주는 데에 머무를 것이 아니라 사회에서 구체적인 일을 해야 합니다. 목회자들이 거기에 나서야 하지 않나 싶어요. 젊은이들에게 무조건 성경 공부만 시키는 것이 아니라, 일을 해야 하지만 일자리가 없는 이들을 위해 카페를 함께 운영하는 등 일자리를 창출할 수도 있겠죠. 에스빠냐의 몬드라곤 협동조합 기업(MCC, Mondragón Cooperative Corporation)이 그런 사례예요. 일자리가 없는 탄광지역의 아이들을 위해 기술학교를 세운 게 시작이었죠. 그러다 에스빠냐 기업 가운데 일곱번째나 될 정도로 크게 성장해서 유치원부터 대학교까지 설립했어요. 그곳 학생들은 무조건 대학교에 입학할 수 있고 전 유럽에 있는 몬드라곤 슈퍼마켓에서 일할 수 있어요.

존재론이 관념에 그치는 것이 아니라 사회로 확장될 단초를 예수 그리스도가 고안해냈는데, 오늘날 교회는 사람들을 도리어 노예화하죠. 노예도 쉬고 당나귀도 쉬라고 한 일요일(안식일)에 밤늦게까지 교회에서 봉사하고, 이미 지친 상태로 월요일 아침 출근하는 식이에요. 이런 패러다임을 완전히 바꿔야 해요. 가나안 성도를 위한 프로그램을 만들고, 평일에도 교회를 신도 외의 사람들에게 개방하는 등 사회 안으로 교회가 적극 개입해야 하지 않을까 생각합니다.

김진호 앞서 기부에 대한 언급도 잠시 하셨죠.

김응교 니체(Friedrich W. Nietzsche)는 '구제가 구걸을 키운다'고 했죠. 기독교적 구제가 구걸을 키운다는 말이 정확한 것 같아요. 한 대형교회에서 제게 인문학 강연을 요청해 갔더니, 담임목사와 함께 입장하는 동안 갑자기 팡파르가 울렸어요. 그때 대형화면으로 동네에 사는 누군가에게 100만원을 주는 장면이 나왔어요. 그러고는 주인공이 지금 여기에 와 있다며 돈 받은 가족을 불러 세워놓고 박수친 뒤에, 저에게 강연을 시작하라는 거예요.

그전에 담임목사는 제가 세월호 노란 리본을 달고 있으니, 으리으리한 당회장실에서 "김 선생님, 우리 교회는 복만 얘기하는 교회니까 그건 좀 떼는 게 어떻겠어요?"라고도 했어요. 저는 단상에 올라가 이렇게 운을 떼며 강연했어요. "슬픔과 함께하는 것, 슬픔 곁으로 가는 것이 복입니다. 윤동주는 이를 명확히 알고 있었고, 「병원」이라는 시에서 '그가 누워본 자리에 누워본다'라고 썼습니다."

발터 벤야민(Walter Benjamin)은 '수치'의 구조에 대해 말했죠. 히틀러식 자본주의는 없는 자에게 '당신이 게을러서 그렇다'고, 또 가진 자에게는 '없는 자들이 게을러서 그렇다'고 하며 수치의 구조를 세뇌했습니다. 지금도 교회에서 이런 수치의 구조를 설교하고 있는 건 아닐지요. 노숙인들에게 강의할 때 저는 이 얘기부터 해요.

"여러분이 IMF 사태를 만나거나 사정이 있어 여기에 나온 분이 대부분이지 게을러서 여기에 나온 분은 없지 않습니까, 우리가 얼마나 소중한 존재인지부터 깨닫고 시작합시다."

기독교적 기부의 문화가 바로 니체가 지적한 이벤트적 구제와 발터 벤야민이 지적한 수치의 구조를 부추기지 않나 생각해야 해요. 실제로 시스템이나 재난에서 비롯한 가난이 크지 않습니까. 그것부터 우리가 인지하고 가야 합니다.

김진호 한국 개신교에서 흥미로운 현상 중 하나가 구호개발형 선교입니다. 이건 공격적인 포교형 선교의 폐해를 지양하기 위해 제시되었어요. 한국은 구호개발형 선교 기금이 전세계에서 가장 많이 걷어지는 나라예요. 어느 연예인은 수십명 이상의 아프리카 어린이에게 학비나 생활비 등을 보내주고 있어요. 이분들은 이런 기부생활에 삶을 올인하다시피 해요. 훌륭한 모습이고 우리가 배워야 할 일이지요.

그런데 다른 한편에서는 구호개발형 선교에 대한 비판이 있어요. 그런 선교단체들은 내가 몇 달러를 내면 그것이 아프리카나 이슬람권의 아이 한명에게 생계비도 되고 교육비도 된다고 홍보하죠. 이때 참여자들의 기부를 '입양'이라고 부르기도 해요. 입양이라고 하면 아이를 낳는 것과 마찬가지로 아이를 키우면서 자신의 모든 생활이 재편되는 등의 고통을 겪어야 하잖아요. 하지만 한국의 구호개발형 선교 식의 입양, 즉 몇 달러씩 보내주는 것으로 환원되는 '가벼운 입양'에는 그 고통이 생략되어 있지요. 그 고통이 생략된 기부금이라도 좋게 쓰이면 좋은 것이겠죠. 그런데 꼭 그것을 격찬할 수만은 없어요. 가령 입양된 아동이 학교에 잘 다니고 있고 훌륭히 성장하고 있다는 걸 보여주는 사진·편지가 전달되곤 하는데, 문제는 그런 활동이 그 사회에 필요한 변화에 거의 아무런 기여를 못하는 경우가 몹시 많다는 거예요.

사실 사회에 필요한 변화를 위해서는 현지 단체들과 긴밀히 연계되고 현지인들이 적극적으로 참여하는 기획이 필요해요. 또 국제적인 구호단체들과 연계해서 현지에서 일어나곤 하는 분쟁, 국제정치의 난관을 헤쳐나가기 위한 공조가 절실해요. 그런데 대부분의 구호개발형 선교는 그런 현지화 과정이나 국제화 과정에 별로 큰 노력을 기울이지 않는 경향이 있어요. 그러다 보니 의도한건 아닌데, 또 열심히 활동하는데, 결국 보여주기식 이벤트에 지나지 않게 되는 경우가 많아요.

기부든 봉사든, 소통이 절실해요. 그것은 나의 신념과 의지가 언제든지 소통하는 상대로 말미암아 변화할 수 있어야 한다는 뜻입니다. '사회적 영성'은 바로 이런 소통의 영성이지요. 단지 복음의 진리를 실천하는 일이 교회 안에서 사회로 그 범위를 확대 전환하는 데 그치는 것이 아니라, 안팎으로 소통하고 이를 통해 서로 변화하는 것, 그러한 마음의 정치학이 바로 사회적 영성을 실천하는 일이라는 얘기죠.

우디 앨런(Woody Allen) 감독의 「범죄와 비행」(Crime and Misdemeanors, 1989)이라는 영화를 보면, 주인공이 기부를 굉장히 많이 하는 훌륭한 사람이지만 일터에서는 냉혹한 노동착취의 가해자예요. 어느 대기업에서 노숙인을 위해 아파트를 지어 도와준 사례도 있지만, 그 기업의 나쁜 노동 관행을 아시잖아요. 그것이 공존하는 거죠. 성직자는 기부하는 일에 대해 축복을 주지만 잘못한 일에 대해서는 아무 말도 안 해요. 이 성직자는 교회가 돈세탁하는 역할을 하듯 부패를 종교적으로 세탁해주는 역할을 하는 셈이에요.

하나 더 말씀드리면, 구제가 구걸을 낳는다고 하신 것처럼, 그분들이 노동력을 다 상실했단 말이에요. 일하다가 도망가곤 하죠.

그래서 먼저 일하던 사람들은 같이 일하기를 꺼려하고요. 그러면 가난이 계속 재생산될 수밖에 없어요. 문제는 그 사람들이 그렇게 되는 과정에 바로 구호 시스템이 있다는 거예요. 예컨대 구호단체들이 와서 끊임없이 '너의 결핍된 점을 증언하라'라고 해요. 구호기금을 받고 싶은 이는 자신에게 결핍된 것을 계속 말하며 입증해야 해요. 학력도 없고 재산도 없고 가족도 없으며 경쟁사회를 살아갈 아무런 수단도 없고… 이렇게 수없이 '없음'을 진술하는 과정에서 그는 점차 아무것도 할 수 없는 무능력한 존재가 되죠. 복지 시스템이나 구제 시스템의 한계 영역이에요. 따라서 구제를 하되, 그것의 문제점을 극복하기 위한 연구와 노력이 끊임없이 필요합니다.

김응교 네, 말씀하신 그대로입니다. 결핍을 증언하라는 요구가 때로는 한 인간을 수치의 구조에 얽어맬 수 있죠. 예수가 구제나 기부와 관련해 착한 사마리아인의 비유를 들어 이야기했잖아요(「누가복음」 10장 25~37절). 강도 만난 사람을 학자도 종교인도 모르는 척하고 지나가는데, 사마리아인이 그를 구했다고 하죠. 예수는 그 사마리아인이 혼혈이었다, 불교 신자였다 하는 말 없이 '사마리아인이 구했다'라고만 해요. 그때 세가지를 말하는데 첫번째가 "측은한 마음이 들어서", 즉 간장이 찢어지는 듯한 아픔으로 그 사람을 구했다는 거였어요. 두번째로는 이 사람이 변두리 사람인데, 하루치 일당에 해당하는 2데나리온을 주면서 누군가에게 돌봐달라고 해요. 그러고 나서 세번째로는 돌아와서 사후 확인을 해요. 그 환자가 어떻게 됐느냐고요. 예수는 옆사람이 아니라 고통받는 자에게 간장이 찢어지듯이 아픔을 느끼는 것, 그것이 이웃이라고 했어요. 이 이야기를 통해 예수가 시스템에 대해 말한 것 같아요.

저는 교회 자체의 구제와 기부를 완전히 시스템화하지 않으면 안 된다고 생각합니다. 한번은 '역사 속의 윤동주'를 주제로 교회에서 강연한 적이 있어요. '헨리조지연구회'의 남기업 선생님이 불러주셨고, 사회적 영성을 강조해달라는 주문이 있었기에 작은 교회일 거라 짐작했죠. 그런데 그곳은 수원성교회(안광수 목사)라는 큰 교회였어요. 이 교회에는 '구제부'와 '사회환경선교부'가 있어요. 구제부는 말 그대로 일반적인 기획 구제를 하는 곳이고, 2001년부터 시작한 사회환경선교부는 사회적 영성을 실천하는 부서입니다. 사회환경선교부의 활동목표를 소개하면 이렇습니다.

1. 성도들이 세상 속에서 하나님 나라를 구현하고 하나님 나라에 맞는 삶을 살도록 돕는다.
2. 한국사회의 문제들에 대한 성경적인 관점과 대안을 제시한다.
3. 사회선교와 관련된 각종 활동과 교육을 실시한다.
4. 신앙과 관련된 양서를 함께 읽고 나누는 독서 모임과 친교 모임, 공동체 활동을 한다.
5. 세상 속에서 하나님 나라를 세우는 데 전적으로 헌신할 사회선교사를 양성하여 파송하고 지원한다.

세번째 항목과 관련해 이 부서에서는 미국의 기독교 신자인 헨리 조지(Henry George)의 지공주의(地公主義) 등 여러 사상을 공부하고 있었어요. 제가 윤동주에 대해 강연한 것도 그 프로그램의 일환이었고요. 또 다섯번째 항목과 관련해서는 NGO 활동가를 지원해요. 5년에 한번씩 교회에서 활동가를 선정해 생활비로 매달 50만원씩 준다고 합니다. 그리고 이 부서의 교인들은 수원역 앞에서 2년 반 동안 돌아가며 세월호 리본 달기를 독려하는 활동도 했어요. 일회성 이벤트가 아니라 지속적 실천을 하는 모임이 하나의 부서로 교회 안에 들어가 있어야 합니다.

김진호 사마리아인에 대해 말씀하셨지만 그걸 서남동 선생이나 안병무 선생은 다르게 해석해요. 사마리아인이 강도 만난 사람을 구원한 사람이라고 알려져 있잖아요. 강도 만나서 쓰러진 사람을 치료해주고, 자기는 상인이어서 더 머물러 있을 수는 없지만 이 사람을 돌봐주라고 돈도 주고 가고요. 또 사마리아인은 이민자이고 돈밖에 모르는 상인이란 말이에요. 그런데 강도 만나 쓰러진 이를 성직자들은 모른 체하고 간 반면, 이민자이자 상인인 자가 호혜의 주역이 되었다는 점에 주목하는 것이 일반적인 해석이었어요.

서남동 선생은 이 텍스트에서 예수가 말한 '누가 이웃이냐'라고 하는 물음 속에는 '누가 구원자냐'라는 의미가 포함되어 있다고 설명합니다. 그리고 도발적이게도 구원자는 사마리아인이 아니라 강도 만나 죽은 듯 쓰러진 사람이라고 해석하죠. 그 사마리아인이 다른 곳에서는 그리 훌륭한 사람이 아닐 수 있어요. 하지만 그 순간 그 사람이 그렇게 행동한 것은 강도 만난 사람이 있었기 때문이에요.

우리가 눈여겨보지 않기 때문에 안 보였던 것, 격리되어 있어서가 아니라 우리 일상에 있지만 우리가 관심이 없어 보지 않았던 것이 어느 날 내게 보였을 때 그가 나의 구원자라는 얘기를 하는 거예요. 누군가를 돕는 내가 구원자인 것이 아니라, 그렇게 도움으로써 내가 도리어 구원을 받는다는 거죠. 이게 사회적 영성에서 얘기하는 '심성의 윤리학'인데, 여기서 우리가 가진 것을 나눈다는 건 내가 누구를 구호하는 행위가 아닌 거예요. 그저 내가 구원받기 위한 수행인 거죠. 이런 식의 담론적 노력, 이러한 이야기를 프로그램을 통해서 퍼뜨리고 토론하는 것이 사회적 영성 프로그램이고요. 사회적 영성을 교회와 신앙인의 쇄신이라는 차원에서 다루는 것은 구호 같은 호혜적 활동을 하는 동시에 그런 활동의 한계를 소통을 통해서 읽어내고 개선하기 위해 노력하는 것까지 포함하는 거예요.

김응교 방금 말씀하신 해석이 정말 좋네요. 도움을 준 사마리아인이 아니라 도움을 받은 이가 구원자가 된다는 게 진정한 예수의 가르침인 것 같아요. 도스또옙스끼의 『죄와 벌』 에필로그에서도 라스꼴리니꼬프가 쏘냐 덕분에 자유와 사랑을 깨달았다고 하죠. 강도 만난 이가 사마리아인을 구원하고, 쏘냐가 라스꼴리니꼬프를 구원했다는 생각을 실천적으로 좀더 성찰하고 연구했으면 합니다.

돕는다는 생각, 돕는 자의 위치에 서 있다는 생각은 위험한 것 같아요. 물론 바로 곁에 있는 사람들을 위한 활동, 돌봄이 필요한 아동을 후원한다든지 연탄을 나른다든지 하는 일도 중요하지만, 구제가 죄를 세탁하는 기능을 하면 안 되겠지요. 나누면서 나눔의 구조도 늘 성찰해야 할 것입니다.

김진호 오늘날 강도 만난 사람으로 불리는 사람들, '호모 사케르'라고 하든 '서발턴'이라고 하든 '언더클래스'라고 하든 '오클로스'라고 하든, 그들은 배제된 자들일 뿐만 아니라, 혐오스러운 자들로 재현되고 있어요. 단지 가난해서 불쌍히 여겨야 할 존재가 아니라, 우리가 감당하기에는 너무나 그로테스크한 괴물적 형상을 가지고 있다는 것이죠. '만일 강도 만난 사람이 불쌍한 얼굴로 내 앞에 쓰러져 있는 게 아니라면, 내 앞에 칼을 들고 있고 테러리스트로 나타나고 우리가 사는 지역을 지저분하게 하고 우리 아이들을 괴물적 존재로 만들고 있다면 그럼에도 우리는 그 사람을 메시아라고 고백할 수 있는가?' 이런 질문에 맞닥뜨렸을 때 그때에도 그를 이웃이라고 얘기할 수 있어야 한다는 거예요.

교회가 그런 타자들의 괴물성까지도 함께 책임져야 한다는 고백으로까지 가지 않으면 안 됩니다. 나의 개인적인 한계만을 쇄신하는 것이 아니라 우리 사회 시스템이 누구는 괴물로 만들어버리고 누구는 '나이스'한 존재로 만드느냐, 그것까지 문제시하는 형태의 신앙적 개조가 이루어지지 않으면 그로테스크한 존재를 응징하는 증오의 신앙을 넘을 수 없을 것입니다. 우리가 권력을 비판하고 권력이 잘 작동하는 사회를 만들어낼 수 있는 질문을 던질 때, 그 질문 속에는 그러한 쇄신의 철저성까지 포함돼야 해요. 그것이 바로 사회적 영성의 수행법이라는 것이지요.

긴 시간 함께해주시고 소중한 말씀 나눠주셔서 감사합니다.

김응교 이 책이 교회와 사회를 위해 널리 읽히기를 바랍니다. 감사합니다.

권력의 대물림, 대형교회 패러다임을 넘어

대담이 시작될 무렵 명성교회에서 원로목사 김삼환이 아들에게 교회를 세습하는 사건이 벌어졌다. 여기서 '원로목사'란 담임목사로 한 교회에서 20년 이상 재직하다가 정년퇴임한 사람 가운데, 전(全) 교인 투표의 결정을 거쳐 노회(장로교) 혹은 연회(감리교) 같은 개별 교회 상위의 교회 정치기구의 인준을 통해 선임되는 은퇴목사를 가리킨다. 중요한 것은 적지 않은 교회에서 원로목사가 마치 상왕(上王)처럼 사실상 교회의 최고 권력자로 군림하고 있다는 점이다. 김삼환의 경우도 그러한데, 그는 법적으로 명예직인 원로목사임에도 현직 담임목사를 제치고 교회의 논의 과정을 사실상 주도해 아들에게 담임목사직을 세습한 것이다. 말할 것도 없이 이 현상의 핵심은 교회의 가용 권력을 목사가 장악해 세습한 사실이다.

이같이 목사가 주도해 혈통적 세습을 단행한 교회는 현재 350개

정도 확인됐다. 이 수치는 교회세습 문제를 다루는 기관들의 신고 창구로 접수된 것을 기관 담당자가 조사해 확정한 것이다. 아직 신고되지 않은 교회가 더 있을 가능성이 크기 때문에 그 수는 앞으로 상향 조정될 것이다. 그럼에도 그 비율은 전체 교회의 0.5퍼센트를 넘지는 않을 것으로 보인다. 혹은 더 낮아질 가능성도 있다. 왜냐하면 총 교회 수는 빠르게 증가하고 있는데, 혈통세습 교회의 증가율은 줄어들 것이 분명하기 때문이다. 요컨대 전체 교회 가운데 99.5퍼센트 이상의 교회에서 목사의 혈통세습이 단행되지 않았다. 목사의 혈통에 의한 권력세습 현상이 일반적 현상은 아닌 셈이다.

그런데 혈통세습이 일어나지 않는다고 해서 교회의 권력 독과점과 대물림 현상이 없다는 뜻은 아니다. 담임목사와 특권적 엘리트 평신도에 의해 좌지우지되는 교회가 실제로 무수히 많다. 그리고 그 권력은 대물림으로 유지되고 있다. 특권을 갖지 못한 다수의 일반 평신도가 이런 권력의 독과점과 대물림에 비판적으로 개입할 여지가 제도적으로 거의 차단돼 있기도 하다. 교회의 혈통세습은 예외적 현상일지라도 권력의 독과점과 대물림까지 포함한 '권력세습'은 대단히 흔한 일이다.

권력세습은 중·소형교회보다 대형교회에서 더 자주 일어나고, 그 파급력 또한 크다. 중·소형교회의 경우 나올 수 있는 권력이 그리 크지 않기 때문에 권력을 차지하려는 경쟁도 그리 치열하지 않을뿐더러, 그것이 미치는 사회적 파장도 그리 크지 않다. 반면 대형교회는 가용 자원이 천문학적이다. 자산 총액이 수천억원에서 수조원에 이르는 데다, 엄청난 인맥 네트워크를 갖고 있기 때문에 교회가 발생시키는 상징자본의 양 또한 막대하다. 게다가 교회는 재정을 공개하지 않아도 정부 당국의 간섭을 받지 않기 때문에 부동산 투기나 탈세, 비자금 조성의 가능성이 매우 높은데, 대형교회에서 그 액수는 상상을 초월한다.

더욱이 교회에는 대다수의 평신도가 교회 운영에 관심을 갖지 못하도록 하는 담론적 장치가 가득하다. 예컨대 권력에 대한 '순종'을 강조한다거나, 남성 대 여성 혹은 연장자 대 연소자 같은 기성의 질서를 정당화하는 담론이 넘쳐난다.

이렇듯 교회에서 보수주의적 담론은 견제받지 않는 권력의 남용을 위한 장치로 작동되곤 하며, 그런 현상이 더 만연한 곳은 대형교회다. 또 대형교회를 선망하는 수많은 중·소형교회는 대형교회의 작동 양식을 무비판적으로 모방하는 경우가 허다하고, 신학대학은 대형교회 중심의 메커니즘을 정상신학(normal theology)처럼 옹호하면서 교회의 성장지상주의를 정당화하곤 한다. 한국 교회들에서는 '보수주의―권력의 독과점과 세습―양적 성공지상주의'가 악순환하며 서로를 강화하는 '나쁜 순환고리'가 견고하게 작동되고 있는 것이다.

그런데 권력과 교회의 문제는 '교회 내 가용 자원을 누가 차지하는가, 또 어떻게 대물림하는가'의 차원에 한정해 이야기하는 것으로는 충분하지 않다. 교회의 권력화 현상이 사회에 어떤 효과를 일으키고 있는지를 묻는 것이 중요하다. 특히 앞서 말했듯, 파급력이 강한 대형교회가 사회에 미치는 영향력에 주목해야 한다.

대형교회가 한국사회에 대대적으로 등장하는 것은 1970년대 이후다. 물론 그 이전에도 대형교회가 있었지만 그 수는 아주 미미했다. 대형교회 탄생이 러시를 이룬 1970년대 이후는 다시 세 시기로 나누어 살펴볼 수 있다. 첫째는 1970~80년대로, 이때는 '이 농민의 신자화'가 대형교회를 탄생시킨 주된 요소라 할 수 있다. 둘째는 1980~90년대로, '강남의 탄생'과 맞물려 강남지역으로 이주한 '젊은 중산층의 신자화' 현상이 주된 특징이다. 강남의 지대가 급상승한 덕분에, 새 신자로 유입된 젊은 중산층은 자산이 크게 늘었고, 그 초과이윤의 일부가 교회의 대형건축에 투여되었으며, 모던한 양식으로 새로 건축된 교회로 사람들이 대거 몰려들면서 대형교회의 탄생이 러시를 이루었다. 셋째는 1990~2000년대로, 새 신자의 유입은 크게 줄어든 반면, 교회를 떠돌아다니는 수평이동 신자가 대대적으로 정착한 교회들이 대형교회로 성장했다는 특징이 있다. 당시 수평이동 신자는 중년층의 중상위계층에서 특히 두드러졌다.

여기서 첫번째와 두번째 시기에는 새 신자들이 유명 목사를 찾아가 교인이 되는 경우가 많았다. 목사에 대한 팬덤 현상이 중요했고, 스타덤에 오른 담임목사의 권력이 막강해졌다. 이들 목사가 대대적으로 은퇴한 것이 2000년 어간 이후로, 교회에서 혈통세습이 가장 많이 일어난 시기와 겹친다.

주목할 부분은 두번째 시기에 급성장해 대형교회가 된 교회들 일부와 세번째 시기에 대형화된 다수의 교회들의 경우 자수성가형 부유층보다는, 중상위계층 출신으로 교육 수준도 높으며 상징

권력을 누려온 이들이 유난히 많다는 점이다. 이런 신자들은 한국 사회의 '파워엘리트'에 속하는데, 목사의 영향력보다 교회가 갖는 강력한 연줄망이 그 교회의 일원으로 남는 데 더 강한 동기가 되곤 한다. 어린 시절부터 친밀한 관계를 형성할 수 있고, 청년기에는 매우 훌륭한 결혼시장 및 취업시장의 동료가 되며, 중·장년기에는 고급의 거대한 사회적 연줄을 교류할 수 있고, 노년기에는 고품격의 귀족적 취향공동체로 엮이는 일종의 '헤리티지 클럽'이 대형교회라는 이야기다. 이곳에서는 10년, 20년, 아니 태어나면서부터 사망할 때까지 최소 주 1회 이상의 만남이 지속적으로 이루어진다. 한마디로 대형교회는 한국사회에서 대체 불가능한 장소다.

담임목사는 이런 '헤리티지'가 신이 선사한 선물임을 신앙적·종교제도적으로 정당화하는 전문가다. 그리하여 대형교회의 신자이자 사회의 파워엘리트이기도 한 이들은 자신이 누리는 세속적 특권·기회와 종교성이 긴밀히 얽힌 담론의 장에 안주하며 스스로를 세뇌한다. 이들은 신자유주의적 생존경쟁에서 성공한, 놀라우리만치 냉혹한 '경쟁의 신'인 경우가 많지만, 교회에서는 전혀 다른 품격을 드러내곤 한다. 교회가 만들어낸 사회적 선교의 마당에서 많은 기부를 하며, 시민사회의 평균적 규범보다 더 윤리적인 태도로 살게 하는 신앙을 소비하는 것이다. 또 '나이스'한 삶의 태도를 교회의 신앙을 통해 강화하기도 한다. 그런 한편 이들은 현존하는 사회질서를 위반하지 않는다. 복음이 세상을 바꿀 것이고, 자신들은 그 복음의 근본 원리가 관철되는 '저 종말의 시간'까지 신실한 신앙인으로 살아가면 된다고 믿는다. 이른바 '웰빙보수주의 신앙'의 장소가 바로 이런 대형교회들이다. 이곳은 한국사회에서 새로운 보수주의의 지평을 만들어내고 있다.

실제로 웰빙보수주의자가 대형교회에만 몰려 있는 것은 아니다. 사회 곳곳에 그런 보수주의적 삶을 실행에 옮기는, 그들끼리의 교류의 장이 속속 등장하고 있다. 나아가 이런 새로운 문화적 주체가 정치사회에도 등장하기 시작했다. 이른바 탈이념적인 중간세력이 도덕을 앞세우며 정치적 마당을 만들어내고 있는 것이다.

그러나 교회만큼 자주 장기간 모임이 지속되는 장은 쉽게 발견하기 어렵다. 웰빙보수주의 문화공간으로서 대형교회는 사회 곳곳에서, 특히 정치의 장에서 그 존재감을 점점 더 강하게 드러내며 특유의 권력 효과를 발생시킨다. 이는 신자유주의적 무한경쟁의 질서에 순응하는 한편, 윤리적으로 엄격하고 나이스한 삶의 태도로 일상을 살아가게 하는 신앙적 권력장치라 할 수 있다. 이 점이 오늘 우리가 권력과 교회의 역학관계를 물을 때 반드시 짚어야 할 대목이다.

물론 대형교회가 강남·분당권에 집중되었다고 해서, 모든 개신교 신자가 유력계층에 속하고 학력도 높으며 유망한 직장에서 상징권력을 보유한 것은 아니다. 교회에는 여전히 사회의 밑바닥을 살아가는 이들이 상당수 존재한다. 그중에는 태극기를 흔들며 극우적이고 혐오주의적인 발언을 원색적으로 쏟아내는 이들도 있고, 지하철이나 거리에서 누구와도 소통되지 않는 말투로 '예수천국 불신지옥'을 부르짖는 이들도 적지 않다. '반지성주의적 신앙인'이라 할 수 있는 이들은 끊임없이 소수자를 낙인찍고 공격하는 언사를 온·오프라인에서 남발한다. 이승만정권이나 박근혜정권 때에 그랬듯 기층대중의 극우적인 반지성주의 신앙은 이따금 강한 영향력을 펼칠 기회를 얻으며, 그때마다 심각한 폭력을 불러일으켰다.

중요한 것은 서민적 반지성주의 신앙을 북돋아 폭력을 부채질해온 추동자가 극우적 파워엘리트들이라는 점이다. 그리고 그중 다수는 개신교 성직자이거나 특권적 평신도였다. 일단의 교회들은 교회에서 소외되고 사회에서 소외된 대중을 정치적으로 활용함으로써 그 위력을 드러냈다. '보수주의 개신교'를 이야기할 때 단순히 거리에서 태극기를 휘날리는 반공 이데올로기의 화신으로서 개신교, 권력의 독과점과 대물림에 집착하는 더러운 욕망의 노예로서 개신교에 주목하는 것만으로 충분치 않은 이유가 여기에 있다.

이 책은 대형교회 패러다임에 흠집을 내려 한다. 대형교회의 뼈 아픈 성찰이 없다면 검찰·언론·재벌 등에 보이는 나쁜 권력의 주역들처럼 개신교 역시 나쁜 권력이라는 사회적 비판에서 자유로울 수 없다.

이 점에서 대형교회가 과잉 대표했던 교회 패러다임과는 다른, 아니 그것을 대체하는 새로운 패러다임이 필요하다. 여러 대안이 제기될 수 있는데, 특히 '작은 교회 운동'이 주목할 만하다. 과거 1970년대의 빈민교회들, 가령 동월교회 같은 곳은 몇십명 정도의 빈민들이 모인 교회였지만 당시 한국을 대표하는 교회였다. 그 교회를 바라보며 많은 사역자가 자신의 미래 사역을 전망했고, 많은 평신도가 사회적 꿈을 그렸다. 1980년대 초 민중교회도 당대 한국을 상징하는 교회였다. 이들 모두 작은 교회였으나 대형교회를 대체할 새로운 교회의 패러다임으로서 그 시대의 소임을 다했다.

최근 또다시 작은 교회 운동이 일고 있다. 규모가 작을 뿐 아니라 성장지상주의를 지양하고 사회의 공공성을 위해 작은 밀알이 되는 데 힘쓰는 교회들이다. 새로운 설교, 새로운 예배 양식, 새로운 선교 기획, 그리고 더 민주적인 신앙제도 등을 모색하는 교회들이다. 오늘 대다수 시민사회는 한국 개신교를 대표하는 교회로 여의도순복음교회·소망교회·온누리교회·사랑의교회를 떠올리며 개신교에 대해 통렬한 문제를 제기하고 있다. 그러나 한편에서는 더 민주적이고 더 공공적이며 소수자에 대한 차별이 없는 사회를 지향하는 작은 교회 운동이 매우 활기차게 진행되고 있다.

이런 교회들은 성공주의의 도구가 된 영성이 아닌 새로운 영성을 찾아 신앙적 모색에 열을 올리고 있다. 신이 영(靈)이 되었다는 것은 자신의 몸·형체·제도를 해체하는 신앙운동을 상징하는 신학적 기호다. 형체를 해체하니 교회라는 상투적 공간에 집착하는 신앙을 넘어설 수 있고, 성소수자나 소수민족 등 소수자들에게 덧씌워진 낙인을 해체할 수 있는 존재가 바로 새로운 영성이다. 우리는 그것을 '사회적 영성'이라고 부른다. 종교적 경계를 해체하고 자민족중심주의나 이성애중심주의를 넘어서는 영성이다. 소수자에게 열린 영성이고, 독과점과 대물림을 정당화하는 권력화된 제도에 반대하며, 권력의 효과를 모두가 공정하게 나누는 영성이다.

이 책은 권력화된 교회를 넘어 나눔의 종교성을 추구하는 모든 이들과 함께하고자 한다.

권력과 교회

초판 1쇄 발행 / 2018년 3월 30일

지은이 / 김진호
펴낸이 / 강일우
책임편집 / 김유경 김정희
조판 / 신혜원
펴낸곳 / (주)창비
등록 / 1986년 8월 5일 제85호
주소 / 10881 경기도 파주시 회동길 184
전화 / 031-955-3333
팩시밀리 / 영업 031-955-3399 편집 031-955-3400
홈페이지 / www.changbi.com
전자우편 / human@changbi.com

ⓒ 김진호 2018
ISBN 978-89-364-8624-2 03300